高职高专财务会计类专业规划教材

出纳岗位实务

第 2 版

主 编 孔德军 蔡清龙
参 编 张 露 查小玲

机械工业出版社

本书的编写以就业为导向、以能力为本位、以实务操作为重点,体现了专业知识与实际工作需要相一致的特点,坚持以基本理论知识适度、够用为原则,主要从工作任务的角度来阐述理论知识,突出技能性、实践性知识的介绍。本书所选择的任务均来自企业的真实项目,对实务工作的流程、方法辅之以大量的图表演示,使读者能看得懂、学得牢,经过学习训练后,能真正成为适应岗位需要、解决实际问题的应用型人才。

本书可作为普通高等学校、成人高校、高职高专会计类专业通用教材及其他相关专业的教材,也可供五年制高职学生使用,并可作为社会在职出纳人员业务参考用书。

为方便教学,本书配备了电子课件、习题答案等教学资源。凡选用本书作为教材的教师均可登录机械工业出版社教育服务网 www.cmpedu.com 免费下载。如有问题请致电 010-88379375,QQ:945379158。

图书在版编目(CIP)数据

出纳岗位实务/孔德军,蔡清龙主编. —2 版. —北京:
机械工业出版社,2019.5
高职高专财务会计类专业规划教材
ISBN 978-7-111-62523-0

Ⅰ.①出… Ⅱ.①孔… ②蔡… Ⅲ.①出纳-会计实务-高等职业教育-教材 Ⅳ.①F233

中国版本图书馆 CIP 数据核字(2019)第 070511 号

机械工业出版社(北京市百万庄大街 22 号 邮政编码 100037)
策划编辑:孔文梅   责任编辑:孔文梅 乔 晨
责任校对:梁 倩   封面设计:鞠 杨
责任印制:孙 炜
北京中兴印刷有限公司印刷
2019 年 6 月第 2 版·第 1 次印刷
184mm×260mm·9.75 印张·215 千字
0 001-3 000 册
标准书号:ISBN 978-7-111-62523-0
定价:29.00 元

凡购本书,如有缺页、倒页、脱页,由本社发行部调换

电话服务 网络服务
服务咨询热线:010-88379833 机 工 官 网:www.cmpbook.com
 机 工 官 博:weibo.com/cmp1952
读者购书热线:010-68326294 教育服务网:www.cmpedu.com
封面无防伪标均为盗版 金 书 网:www.golden-book.com

前言 | Preface

《出纳岗位实务》是高职高专财务会计类专业核心课程教材之一。本书结合当前高职高专会计人才的培养要求，推行工学结合、学训同步，教学做一体化，根据中小企业出纳岗位应承担的各项工作任务、完成每项任务应掌握的理论与技能进行阐述。

本书具有以下特点：

1. 以工作任务为引领

本书打破了以往会计专业学科课程的束缚，以工作任务为中心来整合设计相应的知识和技能。本书以出纳岗位的各项工作任务为线索，采用工作任务引领、工作任务分解、有关业务案例导入、相关理论业务知识和操作技能跟进的方式，在一定的工作背景描述下，学习出纳岗位的业务处理，让学生在学习中就有岗位工作过程的体验。

2. 以职业能力为依据

本书围绕出纳岗位的职业能力组织课程内容，体现了职业教育以职业岗位核心能力为依据的特色。本书主张理论知识服务于每个工作任务，从工作任务的角度来阐述知识，并相应地补充了大量实践性的知识。本书以出纳岗位中的常规业务为主线，让学生掌握处理每项业务的方法、步骤及应掌握的相关会计理论知识、法律法规、操作规范与技能，使学生从中学会用理论、法规去指导具体会计业务的处理，从而获得出纳岗位的核心职业能力。

3. 体系结构完整

本书在编写过程中，经过系统的社会调查和对出纳岗位的任务分析，总结出具有代表性的 10 个项目。具体包括：出纳岗位认知，出纳岗位基本技能，原始凭证的认知与审核，会计凭证的填制、粘贴与折叠，库存现金收付工作，银行结算与银行存款收付工作，日记账的登记与核对，会计凭证装订与会计档案保管，出纳工作交接以及出纳岗位内部控制制度。

4. 难度适中

为了体现高职高专培养适合社会需要的应用型人才，本书在能力体系与知识结构上做了调整，将纯理论性的知识有选择地进行运用或以知识链接的形式给出，而具有实践操作性的基本知识、图示则构成本书的主体结构，使学生能看得懂、学得牢，能通过业务操作规范流程、步骤自主进行训练、巩固和提高。

本次修订主要根据增值税税率的变化进行适时调整，使案例能与实务保持一致；同时增加印章、印鉴管理的内容；并对书中旧的内容进行更换。

本书不仅可以作为学习出纳实务和技能的教材，适用于高职高专会计专业的理论与实践教学和各类会计培训机构的培训，还可以作为在职出纳人员更新相关知识、提升技能的参考用书。

本书采用校企合作模式编写，江苏财经职业技术学院孔德军、蔡清龙担任主编。本书项目一、二、四由蔡清龙编写，项目三、五、六由孔德军编写，项目七、八由张露编写，项目九、十由查小玲编写。全书由孔德军总纂，淮安三淮联合会计师事务所王亚杰担任审核。

尽管我们在本书编写过程中做出了许多努力，但仍有不足之处，敬请读者在使用本书过程中给予关注，并将意见及时反馈给我们。

本书的编写参阅了国内外相关书籍，并得到了机械工业出版社的大力支持，在此一并表示衷心的感谢！

为方便教学，本书配备了电子课件、习题答案等教学资源。凡选用本书作为教材的教师均可登录机械工业出版社教育服务网 www.cmpedu.com 免费下载。如有问题请致电 010 - 88379375，QQ：945379158。

编　者

目录 | Contents

前言

项目一　出纳岗位认知 / 001

01
- 任务一　出纳及出纳工作 / 002
- 任务二　出纳人员与出纳机构 / 007
- 练习题 / 012

项目二　出纳岗位基本技能 / 015

02
- 任务一　财会数字书写 / 016
- 任务二　珠算与计算机操作 / 019
- 任务三　保险柜的购置与使用 / 020
- 任务四　POS 机的操作 / 022
- 任务五　小键盘的使用 / 023
- 任务六　点钞与假币识别 / 024
- 任务七　印章、印鉴的管理 / 035
- 练习题 / 036

项目三　原始凭证的认知与审核 / 039

03
- 任务一　原始凭证的认知 / 040
- 任务二　原始凭证的审核 / 042
- 练习题 / 052

项目四　会计凭证的填制、粘贴与折叠 / 055

04
- 任务一　会计凭证的填制 / 056
- 任务二　原始凭证的粘贴与折叠 / 064
- 练习题 / 066

项目五　库存现金收付工作 / 071

05
- 任务一　库存现金管理认知 / 072
- 任务二　库存现金的收付及账务处理 / 075
- 练习题 / 082

Contents

项目六　银行结算与银行存款收付工作 / 085

06
- 任务一　银行结算认知 / 086
- 任务二　银行存款的收付及账务处理 / 098
- 任务三　其他货币资金的收付 / 107
- 练习题 / 110

项目七　日记账的登记与核对 / 113

07
- 任务一　现金日记账的登记与核对 / 114
- 任务二　银行存款日记账的登记与核对 / 118
- 练习题 / 121

项目八　会计凭证装订与会计档案保管 / 125

08
- 任务一　会计凭证装订 / 126
- 任务二　会计档案的保管与销毁 / 129
- 练习题 / 131

项目九　出纳工作交接 / 133

09
- 任务一　出纳工作交接与实施 / 134
- 任务二　出纳人员工作交接实例 / 137
- 练习题 / 138

项目十　出纳岗位内部控制制度 / 141

10
- 任务一　内部控制及控制措施认知 / 142
- 任务二　出纳业务内部控制制度 / 142
- 练习题 / 145

参考文献 / 147

项目一

出纳岗位认知

学习目标

知识目标

※ 掌握出纳的含义与工作特点。
※ 了解出纳工作岗位的设置与人员配备及任职条件。
※ 掌握出纳人员工作的基本要求。
※ 熟悉出纳工作账务处理程序,理解出纳人员具备的职业意识。
※ 了解出纳岗位的工作职责。

能力目标

※ 能解释出纳工作性质。
※ 能明白自己是否适合出纳工作。
※ 能自主按照工作要求进行日常技能训练。
※ 会利用出纳工作考核参考评分标准进行绩效考核。

在诸多会计岗位中，很多会计人都是从出纳做起的，出纳是会计岗位中最基本的岗位之一，企业所有款项的进出、现金收付都需经过出纳人员之手，做好出纳工作并不是一件容易的事，所以应先了解出纳工作应具备的专业知识与业务技能。

任务一　出纳及出纳工作

一、出纳的含义

出纳是管理货币资金支出与收入的一项工作，出即支出，纳即收入。从出纳角度看，管理货币资金主要包括实际持有的库存现金、银行存款和其他货币资金。具体地说，出纳是按照有关规定和制度，办理本单位的现金收付、银行结算及有关账务，保管库存现金、有价证券、财务印章及有关票据等。在市场经济环境下，货币作为交换的手段，任何经济活动都要通过货币资金的收付结算来完成。例如，企业在经营活动中资金的筹集与使用、职工工资的发放与费用的报销，行政事业单位资金的拨付与上缴等，这些活动都需要专职的岗位和人员去专门办理，而这个岗位就是出纳岗位，在这个岗位上工作的人就是出纳员。在会计人员中，很多人都是从出纳岗位做起的，从管理货币资金、票据、有价证券等的进进出出、填制和审核原始凭证做起，这些都是会计的基础工作。

小案例

小张从高职院校会计专业毕业后应聘到一家企业做材料会计，一个月后企业财务负责人又叫小张准备接手出纳工作，小张犹豫了，是先做出纳工作还是继续做材料会计呢？为此小张请教了一位老财务人员，请听老财务人员的分析：

（1）从直观的表象上说：先做出纳，再做会计，不是必须的，但是必要的。

(2) 从业务发展的角度说：出纳是财务工作的组成部分，是会计核算的基础。相关法规要求出纳必须发挥会计监督作用。因此，如果会计缺乏出纳工作的一线经历，就很难发挥完全、有效的监管作用。

(3) 从出纳转为会计的角度说：新手通过从事出纳工作，不但能够翔实地了解业务细节，而且还能够在与会计人员日常相处相融的过程中，为从事会计工作建立良好的人际关系，奠定坚实的会计基础。因此，想当会计，先做出纳，确实是会计人职业生涯发展的必经之路。

二、出纳工作的特点

任何工作都有其自身的特点和工作规律，出纳是会计工作的组成部分，具有一般会计工作的共同性质，但它又是一个专门的岗位、一项专门的技术，因此具有自己专门的工作特点：

（一）社会性

出纳工作担负着一个单位货币资金的收付、存取活动，而这些活动是置身于整个社会经济活动的大环境之中的，是与整个社会的经济运转相联系的。例如，出纳人员要了解国家有关财经政策法规并参加这方面的学习和培训，要经常跑银行等。因此，出纳工作具有广泛的社会性。

（二）专业性

出纳工作作为会计工作的一个重要岗位，有着专门的操作技术和工作规则。凭证如何填，出纳账怎样记都很有学问，就连保险柜的使用与管理也是很讲究的。因此，要做好出纳工作，一方面要求出纳人员要经过一定的职业教育与训练，另一方面也需要其在实践中不断积累经验，掌握工作要领，熟练使用现代化办公工具。

（三）政策性

出纳工作是一项政策性很强的工作，其工作的每一环节都必须依照国家规定进行。例如，办理现金收付要按照国家现金管理规定进行，办理银行结算业务要根据国家银行结算办法进行。《中华人民共和国会计法》（简称《会计法》）《会计基础工作规范》等法规都是把出纳工作并入会计工作中来，并对出纳工作提出具体的规定和要求。不掌握这些政策法规，就做不好出纳工作；不按这些政策法规办事，就违反了财经纪律。

（四）时间性

出纳工作具有很强的时间性，何时发放职工工资，银行何时停止办理业务，何时核对银行对账单，各种银行票据结算期限等，都有严格的时间要求，一天都不能延误。因此，出纳人员心里应有一个时间表，及时办理各项工作，保证出纳工作的质量。

三、出纳工作的基本要求

做好出纳工作并不是一件很容易的事，这就要求出纳人员要有全面精通的政策水平，熟练高超的业务技能，严谨细致的工作作风，良好的职业道德修养以及协调沟通能力。

（一）政策水平

"不以规矩，不能成方圆。"出纳工作涉及的"规矩"很多，如《会计法》及各种会计制度，现金管理制度及银行结算制度、《会计基础工作规范》、成本管理条例及费用报销额度、税收管理制度及发票管理办法，还有本单位自己的财务管理规定等。这些法规、制度如果不熟悉、不掌握，是绝对做不好出纳工作的。所以，要做好出纳工作的第一件大事就是学习、了解、掌握财经法规和制度，提高自己的政策水平。出纳人员只有刻苦掌握政策法规和制度，明白自己哪些该干，哪些不该干，哪些该抵制，工作起来就会得心应手，就不会犯错误。

（二）业务技能

"台上一分钟，台下十年功。"这句话用来描述出纳工作也是十分恰当的。出纳工作需要很强的操作技巧。打算盘、用计算机、填票据、点钞票等，都需要深厚的基本功。作为专职出纳人员，不但要具备处理一般会计事务的财会专业基本知识，还要具备较高的处理出纳事务的出纳专业知识水平和较强的数字运算能力。出纳的数字运算往往在结算过程中进行，要按计算结果当场开出票据或收付现金，速度要快，而且不能出错。这和事后的账目计算有着很大的区别。账目计算错了可以按规定方法更改，但钱算错了就不一定说得清楚，不一定能"改"得过来了。所以说出纳人员要有很强的数字运算能力，不管你用计算机、算盘、计算器，还是别的什么运算器，都必须具备较快的速度和非常高的准确性。在快和准的关系上，作为出纳人员，要把准放在第一位，要准中求快。提高出纳业务技术水平的关键在手上，打算盘、用计算机、开票据都离不开手。而要提高手的功夫，关键又在勤，勤能生巧，巧自勤来。有了勤，就一定能达到出纳技术操作上的理想境界。另外，还要苦练汉字、阿拉伯数字，提高写作概括能力，使人见其字如见其人，一张书写工整、填写齐全、摘要精炼的票据能表现出一个出纳人员优秀的基本功。

（三）工作作风

要做好出纳工作首先要热爱出纳工作，要有严谨细致的工作作风和职业习惯。作风的培养在成就事业方面至关重要。出纳每天和金钱打交道，稍有不慎就会造成意想不到的损失，出纳人员必须养成与出纳职业相符合的工作作风，概括起来就是：精力集中、有条不紊、严谨细致、沉着冷静。精力集中就是工作起来要全身心地投入，不为外界所干扰；有条不紊就是计算器具摆放整齐，钱款票据存放有序，办公环境洁而不乱；严谨细致就是认真仔细，做到收支计算准确无误，手续完备，不发生工作差错；沉着冷静就是在复杂的环境中随机应变，化险为夷。

（四）道德修养

出纳人员必须具备良好的职业道德修养，要热爱本职工作，敬业、精业；要科学理财，充分发挥资金的使用效益；要遵纪守法，严格监督，并且以身作则；要洁身自好，不贪、不占便宜；要实事求是，真实客观地反映经济活动的本来面目；要注意保守机密；要竭力为本单位的中心工作、为单位的总体利益、为全体员工服务。

（五）协调沟通

出纳工作既需要与企业内部部门、员工打交道，又需要与其他企业、投资者、工商部门、税务部门以及银行部门等进行联系，因此出纳人员只有具备良好的交流与协调能力，才能了解对方并进行良好的沟通，才能做好出纳工作。会计不仅要善于取得他人的支持，更要以良好的心态去与他人合作，共同完成工作任务。出纳人员对内要具有解读法规、制度的能力和协调、沟通的能力；对外要具有谈判、联络、交际的能力，能为所从事的会计工作创造良好的工作氛围。因此，具有丰富广博的知识，能善于沟通社会的方方面面，能很好地处理与各方面的关系，是对出纳人员协调沟通能力的要求。

四、出纳工作账务处理程序

（1）根据原始凭证或原始凭证汇总表编制收、付款凭证。
（2）根据收、付款凭证逐笔登记现金、银行存款日记账。
（3）现金日记账余额与库存现金每天进行核对，与现金总账定期核对；银行存款日记账余额与银行存款总账定期核对，与银行对账单定期逐笔核对。
（4）根据日记账、明细账记录编制出纳日报表，见表1-1。

表1-1 出纳日报表

日期： 年 月 日 单位：元

货币资金类别	上日结存	本日收入	本日支出	本日结存
库存现金				
银行存款				
账户1				
账户2				

（续）

货币资金类别	上日结存	本日收入	本日支出	本日结存
……				
合计				
其他货币资金				
1.				
2.				
……				
合计				
总计				

出纳工作账务处理程序如图 1-1 所示。

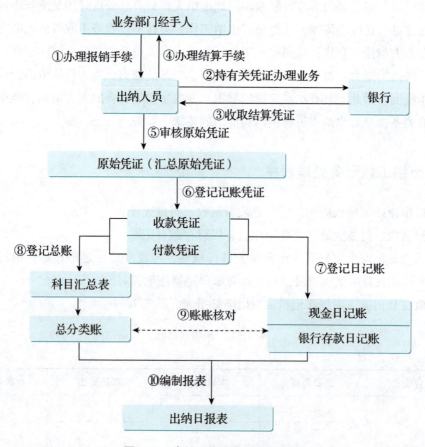

图 1-1　出纳工作账务处理程序图

任务二 出纳人员与出纳机构

一、哪些人适合做出纳工作

每个人都有自己的性格，每一种性格都有其适合的职业，有的人适合这一行，有的人适合那一行。无论是哪一种性格，都应该接受它，并按照这一性格去寻找适合的职业。每个人都想选择适合自己的职业，在择业的过程中，了解自己的气质特点，具有十分重要的意义。气质和脾气、性格等含义相近，是人的心理特征之一，是个性的重要组成部分，主要表现在心理过程中，特别是情绪体验的快慢、强弱，表现的隐显，以及动作的灵敏或迟钝方面。

气质特点一般通过人与人之间的相互交往显现出来，一般分为胆汁质、多血质、黏液质、抑郁质四类。其中黏液质又称安静型，属于缄默而沉静的类型，特点是情绪不易激动，不善交往但善于忍耐，有较强的自制力。拥有这类气质特点的人多数口紧，为人节俭，不爱胡乱花费，多入少出，易有积蓄，做事认真、仔细、严谨。这类人适合的职业有：医生、法官、会计、出纳、档案管理员、统计员等。

二、出纳人员应具有的职业意识

（一）守法意识

法律和道德属于上层建筑中两个完全不同的社会规则体系，但二者又相辅相成，相互补充，相互完善。法律作为由国家强制执行的行为规则，每个社会成员都必须无条件地遵守和服从，会计人员也不例外。《会计法》和各种会计准则、会计制度及其他有关的财经法规和制度，会计人员都必须严格地遵守。会计人员失去了守法意识，其道德底线就会全面崩溃。

小案例

2005年6月，北京某中学的一名出纳，因先后虚报冒领工资9万余元，被法院以贪污罪判处有期徒刑5年。

> **注意**：出纳人员整天与金钱打交道，要经得起诱惑，做到"常在河边走，就是不湿鞋"。

（二）诚信意识

会计行业的一个显著特征就是通过诚信服务，增加经济信息的可靠性和可信赖性，向社会承担责任。诚信不仅是会计行业对社会所承担的责任和义务，也是会计行业赖以生存和发展的基础。诚信应当成为会计行业最起码、最基本的执业理念。会计人员应当把"诚信为本"原则看成自己安身立命的基础。

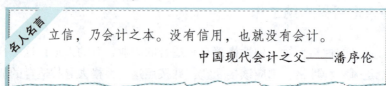

> 立信，乃会计之本。没有信用，也就没有会计。
>
> 中国现代会计之父——潘序伦

（三）人格意识

人格意识重在强调会计人员心灵中内在的自强、自尊、自重的品格。会计职业决定了会计人员必须具有严格的自律意识。出纳人员直接掌握着金钱，若缺乏严格的自律、自控意识，经不起金钱和物质的诱惑，则会"一失足成千古恨"。具备了自律意识的会计人员首先应把自己看成一个顶天立地的"人"，以高尚的情操面对会计工作，以纯净的操守为单位及公众服务。

（四）公正意识

建立以诚信为核心的会计职业道德秩序，要求会计人员应具备公正、公开、公信的平等意识。会计人员为单位理财执法，就必须出于公心，主持公道，随时随地把单位的整体利益放在首位，绝不做明知对单位、员工利益有害的事情。会计人员在理财过程中，要把满足单位、员工利益作为会计工作的出发点和归宿。如不做假账，就是对会计人员最基本的要求。

（五）安全意识

现金、有价证券、票据、各种印鉴，既要有内部的保管分工，各负其责，并相互牵制；也要有对外的保安措施，从办公用房的建造，门、屉、柜的锁具配置，到保险柜密码的管理，都要符合安保的要求。出纳人员既要密切配合安保部门的工作，更要增强自身的安保意识，学习安保知识，把保护自身分管的公共财产物资的安全、完整作为自己的首要任务来完成。

小案例

留学生 A 在英国求学，平日主要通过网络 QQ 与家人联系。2019 年 3 月底，其母亲和平时一样通过 QQ 与他聊天，聊完家常以后，"儿子"提出导师之前让其带学费赴英，但目前身上现金不够，希望母亲能立刻将 1.3 万英镑（折合人民币约 14 万元）打入其新账户，否则可能会影响到后续选课。因为知道儿子最近需要缴纳学费，母亲对

"儿子"的话深信不疑,更担心儿子因欠缴学费而影响课程进度,于是急忙将钱转入了QQ消息中指定的账户,殊不知此时儿子的QQ号已被盗取。后来,被害人在与儿子联络后知道被骗,便前往派出所报案。

出纳人员经管着企业的货币资金,对于不法之徒而言,是最好的作案目标,因此出纳人员的安全防范意识非常重要,平时要管理好自己的QQ号,在取送大额现金时,要申请专人陪同,注意是否有人过度关注自己。

请思考:一位出纳员将已经付款的2,000元的借据丢失,而借款人拒绝再写一张借据,那么这位出纳员该怎么办?

作为一名出纳员,保管好各种票据、单证是其义不容辞的义务,丢失借据是其重大过失,出纳员可与借款人协商补写一张,如果借款人不予配合补写,可以请付款时在场的第三人作证,假如第三人不愿出具证明,那么出纳员就要承担不利后果。

对于出纳员来说,票据视同现金,在某些情况下甚至比现金还重要,因此安全保管工作马虎不得。

(六)廉洁意识

会计的职业特点决定了会计人员首先在经济上必须是廉洁奉公、公私分明的人,社会也以此标准作为考查会计人员任职资格的基本前提和条件之一。

(七)保密意识

会计人员因职业特点,经常会接触到有关的国家机密、单位商业秘密或个人隐私。会计人员保守所了解的秘密,维护国家、单位利益是应尽的义务。一般情况下做到保密并不难,难的是在特定环境下即受利益驱动时,仍坚持原则,这需要经常性的自我教育和自我修养。

> **注意**:出纳人员知道单位太多的财务信息,如果不注意就会泄露出去,这种无意的疏忽,可能会给单位带来损失,给自己带来麻烦,所以要管住自己的嘴,防止祸从口出。

(八)现代意识

在当前这个日新月异的社会,每一个会计人员都必须具备现代意识。具体地说,就是应能感受到时代的脉搏,具有对新知识的无限渴求和好奇,能够不断学习、不断进取,不因自己年龄的增长而保守,不因自己知识的老化而落伍,始终以自己不断更新的知识适应时代发展的要求。

（九）技能意识

作为会计人员，必须具备应有的会计专业技术和能力，如账务处理能力、协调沟通能力、管理决策能力、风险预测和防范能力、职业判断能力。会计人员是通过理性的思维、科学的判断、严密的核算、精确的归纳来完成目标的，需要综合的知识、精湛的专业技能。特别是在今天，市场经济呼唤的是高层次的管理型会计人才。只有不断充实、提升自身的知识与技能，才能跟上时代的步伐。

（十）规则意识

在会计职业活动中，你想这么做、不想那么做，这由不得自己，会计职业的行为要受到种种规则的约束，如技术规则、道德规则、法律规则等。

三、出纳人员工作"三字经"

出纳员，很关键；静头脑，清杂念。业务忙，莫慌乱；情绪好，态度谦。
取现金，当面点；高警惕，出安全。收现金，点两遍；辨真假，免赔款。
支现金，先审单；内容全，要会签。收单据，要规范；不合规，担风险。
账外账，甭保管；违法纪，又罚款。

四、出纳机构的设置与出纳人员的配备

（一）出纳机构的设置

出纳机构一般设置在会计机构内部，如各企事业单位财会科、财会处内部设置专门处理出纳业务的出纳组、出纳室。《会计法》对各单位会计、出纳机构与人员的设置没有做出硬性规定，只是要求各单位根据业务需要来设定。各单位可根据单位规模大小和货币资金管理的要求，结合出纳工作的繁简程度来设置出纳机构。以制造业为例，大型企业可在财务处下设出纳科，中型企业可在财务科下设出纳室，小型企业可配备专职出纳人员。有些集团公司，为了资金的有效管理和总体利用效益，把若干分公司的出纳业务（或部分出纳业务）集中起来办理，成立专门的内部"结算中心"，这种"结算中心"，实际上也是出纳机构。

（二）出纳人员的配备

一般讲，实行独立核算的企业单位，在银行开户的行政、事业单位，有经常性现金收入和支出业务的企业、行政事业单位都应配备专职或兼职的出纳人员，担任本单位的出纳工作。出纳人员配备的多少，主要取决于本单位出纳业务量的大小和繁简程度，要以业务需要为原则，既要满足出纳工作量的需要，又要避免徒具形式、人浮于事的现象。一般可采用一人一岗、一人多岗、一岗多人等几种形式。

（1）一人一岗：规模不大的单位，出纳工作量不大，可设专职出纳员一名。

（2）一人多岗：规模较小的单位，出纳工作量较小，可设兼职出纳员一名。如果无条件单独设置会计机构的单位，至少要在有关机构中（如单位的办公室、后勤部门等）配备兼职出纳员一名。但兼职出纳不得兼管收入、费用、债权债务账目的登记工作及稽核工作和会计档案保管工作。

（3）一岗多人：规模较大的单位，出纳工作量较大，可设多名出纳员，如分设管理收付款的出纳员和管账的出纳员，或分设现金出纳员和银行结算出纳员等。

五、出纳岗位的职责

（1）按照国家有关现金管理规定和银行结算制度的规定，办理现金收付、银行结算业务和其他货币资金的结算管理。

（2）贯彻现金管理制度，把好现金收支关。

（3）负责根据其他人员提供的转账支票填制进账单送存银行。

（4）负责办理银行汇款回单、银行进账单回单等各种收付款凭证。

（5）负责登记现金及银行存款日记账，并做到日清月结。

（6）负责人民币现金、外汇现金、银行定期存款存单、有价证券、贵重物品的保管。

（7）每日核对库存现金并填报"库存现金日报表"。

（8）负责现金、银行存款日记账、总账的核对工作，做到账款相符、账账相符，及时编制"银行存款余额调节表"。定期或不定期地接受财务负责人、主管会计对现金、银行存款日记账、总账的抽查。

（9）保管有关印章、空白收据（发票）和空白支票。

（10）负责工资与奖金的发放。

（11）完成领导交办的其他临时性工作。

六、出纳人员的任职要求

（1）具有中专或大专以上财会学历。

（2）具有会计专业知识和业务技能，能够独立处理出纳基本会计业务。

（3）按照《会计基础工作规范》规定，会计机构负责人、会计人员的直系亲属不得在本单位会计机构中担任出纳工作。

七、出纳工作绩效考核参考评分标准

（一）记账（20分）

要求根据财务部门内部规定按日序时逐笔登记现金和存款的发生额。考核时随机抽取5~10天的账本，每有一笔不符合扣1分。

（二）财务监督（40分）

要求严格按公司"现金管理制度"审核所有支出凭证，不得办理不符合审批手续和要求的单据的付款。每有一次把关不严扣2分。

计算方法：交单时由主办会计审核退回凭证数＋主办会计考核时发现数。

（三）资金安全（20分）

（1）要求严格按公司"现金管理制度"保管库存现金，月末最后一日或次月第一日会同主办会计进行现金盘点，现金余额应和账存数相符。库存超标扣5分，未按规定时间盘点扣5分，现金余额与账存数不符扣10分。

（2）要求按时核对银行存款各个账户的月末余额与银行对账单余额，若有不符，要及时查明原因，并做出当月银行存款余额调节表。没按时核对扣5分，没查明原因扣5分，没做调节表扣5分。

（四）交单（10分）

要求每3天向主办会计交一次现金和银行存款凭单，月终最后一次交单不超过次月2日，银行存款对账单不超过次月7日。以上要求每违反一次扣2分。

（五）交办任务（5分）

要求按时圆满完成领导交办和财务部月工作计划中负责的工作任务。每有一次不按时或不符合领导要求扣2分。

（六）组织纪律（5分）

要求遵守公司各项规章制度。每有一次违反扣1分。

练习题

一、单项选择题

1. 与库存现金和银行存款有关的记账凭证可由（　　）编制。
   A. 出纳　　　　B. 会计　　　　C. 采购　　　　D. 稽核
2. 一般情况下，适合出纳工作的人员其性格特征是（　　）。
   A. 胆汁质　　　B. 多血质　　　C. 黏液质　　　D. 抑郁质

二、多项选择题

1. 出纳工作岗位可以（　　）。

A. 一人一岗　　　B. 一人多岗　　　C. 多人多岗　　　D. 一岗多人
2. 下列（　　）是出纳岗位的工作。
   A. 保管库存现金　　　　　　　　B. 编制银行存款余额调节表
   C. 保管印章、空白支票　　　　　D. 出租、出借银行账户
3. 出纳人员应具有的职业意识有（　　）。
   A. 诚信意识　　　B. 廉洁意识　　　C. 保密意识　　　D. 守法意识
4. 出纳人员应具备的工作作风有（　　）。
   A. 钱款票据存放有序　　　　　　B. 严谨细致
   C. 办公环境洁而不乱　　　　　　D. 收支计算准确
5. 作为一名出纳人员应具备的条件有（　　）。
   A. 中专以上财会学历　　　　　　B. 具有会计专业知识和业务技能
   C. 取得会计初级职称　　　　　　D. 良好的职业道德

项目二

出纳岗位基本技能

学习目标

知识目标

※ 掌握财会数字书写的规范要求。
※ 熟悉计算机软、硬件的基础知识,掌握计算机的基本操作方法。
※ 了解保险柜的使用方法。
※ 掌握假币识别要点与点钞技巧。

能力目标

※ 能正确书写大小写财会数字,达到正确、清晰、整齐、流畅、标准、规范和美观。
※ 会熟练使用算盘进行计算。
※ 掌握POS机的基本操作方法。
※ 能快速、准确地操作保险柜。
※ 熟练掌握点钞技术,能识别假钞。

任务一 财会数字书写

财会数字书写的内容包括阿拉伯数字的书写和汉字大写数字的书写。

一、小写金额数字的书写要求

（1）小写金额应用阿拉伯数字逐个书写，不得写连笔字。

（2）上端向右倾斜 30°左右。一组阿拉伯数字的书写，应保持各个数字的倾斜度一致，这样才自然美观。

（3）除 6、7、9 外，其他数字高低一致。"6"的上端可以比其他数字高约 1/4，下端与其他数字一致。"7"和"9"的上端可以比其他数字低约 1/4，下端可以比其他数字伸出约 1/4。其他数字书写高低和大小要一致，排列整齐。

（4）数字书写时高度不超过账表的 1/2。过大，写错时无法更正又不美观；过小，字迹可能不清晰因而影响阅读。要灵活掌握数字的大小，账表格较小时书写高度为账表的 1/2 为宜，账表格较大时书写高度为账表的 1/3 或 1/4。

（5）紧靠账表底线。阿拉伯数字的书写不能写在格子的中间，要紧靠账表底线。除"7"和"9"可以向下伸出格子约 1/4 外，其他数字一律靠在账表底线上。

（6）同数位对齐。在印有金额线的会计凭证、会计账簿、会计报表上，每一个格只写一个数字，不得几个数字挤在一个格子里，也不得在数字中间留有空格。如果没有账格数位线，数字书写时要同数位对齐，即个位对个位、百位对百位书写。数字书写整数部分，可以从小数点向左按"三位一节"用","分开或空一个位置，以便于读数和汇总计算。

（7）阿拉伯小写金额数字前面，均应填写人民币符号"￥"（或草写）。

阿拉伯小写金额数字手写体如图 2-1 所示。

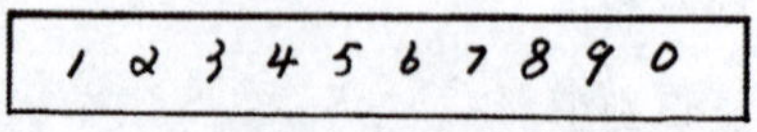

图 2-1　阿拉伯小写金额数字手写体

二、大写金额数字的书写要求

在工作中，经常要填写银行各种结算凭证、票据。填写这些凭证时，除了写小写金额数字外，还必须填写大写金额数字，其目的是防止篡改，因此出纳人员应掌握汉字大写金额数字的书写，做到要素齐全、数字正确、字迹清晰、不错漏、不潦草。

（1）汉字大写金额数字应用正楷或行书填写，如壹、贰、叁、肆、伍、陆、柒、捌、玖、拾、佰、仟、万、亿、元、角、分、零、整（正）等字样。不得用一、二（两）、三、四、五、六、七、八、九、十、念、毛、另（或0）填写，不得自造简化字。如果金额数字书写中使用繁体字，也应受理。

（2）汉字大写金额数字到"元"为止的，在"元"之后应写"整"（或"正"）字，在"角"之后可以不写"整"（或"正"）字。数字有"分"的，"分"后面不写"整"（或"正"）字。

（3）汉字大写金额数字前应标明"人民币"字样，大写金额数字应紧接"人民币"字样填写，不得留有空白。大写金额数字前未印"人民币"字样的，应加填"人民币"三字。在票据和结算凭证大写金额栏内不得预印固定的"仟、佰、拾、万、仟、佰、拾、元、角、分"字样。

（4）阿拉伯数字中有"0"时，汉字大写应按照汉语语言规律、金额数字构成和防止涂改的要求进行书写。举例如下：

1）阿拉伯数字中间有"0"时，汉字大写金额要写"零"字。如￥1,409.50，应写成人民币壹仟肆佰零玖元伍角。

2）阿拉伯数字中间连续有几个"0"时，汉字大写金额中间可以只写一个"零"字。如￥6,007.14，应写成人民币陆仟零柒元壹角肆分。

3）阿拉伯数字万位或元位是"0"，或者数字中间连续有几个"0"，万位、元位也是"0"，但仟位、角位不是"0"时，汉字大写金额中可以只写一个"零"字，也可以不写"零"字。例如：￥1,680.32，应写成人民币壹仟陆佰捌拾元零叁角贰分，或者写成人民币壹仟陆佰捌拾元叁角贰分；￥107,000.53，应写成人民币壹拾万柒仟元零伍角叁分，或者写成人民币壹拾万零柒仟元伍角叁分。

4）阿拉伯数字角位是"0"，而分位不是"0"时，汉字大写金额"元"后面应写"零"字。例如：￥16,409.02，应写成人民币壹万陆仟肆佰零玖元零贰分；￥325.04，应写成人民币叁佰贰拾伍元零肆分。

汉字大写金额数字手写体如图2-2所示。

图2-2　汉字大写金额数字手写体

三、汉字大写票据日期书写要求

在出纳工作中，经常要填写支票、汇票和本票。票据的出票日期必须使用汉字大写。为防止变造票据的出票日期，在填写月、日时，月为壹、贰和壹拾的，日为壹至玖和壹拾、贰拾和叁拾的，应在其前加"零"；日为拾壹至拾玖的，应在其前加"壹"。例如：1月15日，应写成"零壹月壹拾伍日"；10月20日，应写成"零壹拾月零贰拾日"；2019年4月9日，应写成"贰零壹玖年肆月零玖日"。转账支票如图2-3所示。

中国工商银行转账支票										No. 33889890	
出票日期（大写）贰零壹玖年肆月零玖日　付款行名称：工商银行大庆路支行											
收款人：淮钢股份有限公司　　　　　　　　出票人账号：8040-4129											
本支票付款期限十天	人民币 壹拾柒万伍仟伍佰元整 （大写）	百	十	万	千	百	十	元	角	分	
		¥	1	7	5	5	0	0	0	0	
	用途 购货款										
	上列款项请从我账户内支付										
	出票人签章（公章）　　　　复核　　　　记账										

图2-3 转账支票

> **注意**：票据出票日期使用小写填写的，银行不予受理。大写日期未按要求规范填写的，银行可予受理，但由此造成损失的，由出票人自行承担。

小案例

我的数字写得不好看，怎么办呢？

有的人说："现在已经实现会计信息化处理了，数字写得好与不好无所谓。"

老财务人员说："字是练出来的，利用空余时间按照规范多写写，就会逐渐变好看的。"

财会数字书写是否规范体现了出纳人员的素质，应养成良好的书写习惯，除上班时主动书写以外，业余时间练习硬笔书法，练习文字的书写能力，既可以培养自己的职业技能，又可以陶冶情操。书写时要严肃认真、细致耐心、一丝不苟。

小案例

出纳小杨收到一张其他单位没有填写日期的转账支票，金额为25,000元，小杨将日期补填后连同进账单一起提交给银行，银行接单后经审查，以大写"贰"书写不规范为由退票，只能找开票单位重新开一张。这张退票也交给开票单位按作废处理。

注意：在实际工作中，对于填错支票日期、金额的，如果是本单位的支票，按规定作废后重开一张新的就可以了。但如果是外单位的支票，就需要对方的配合，同时还会涉及双方单位业务经办人员的配合。因此，出纳在填写支票时，精力要集中，不受自己的情绪和周围环境的影响，一鼓作气完成支票的填写工作，这样既减少了自己返工的麻烦，又不会给他人增添麻烦，提高了工作效率。

任务二 珠算与计算机操作

一、珠算操作

珠算是以算盘为工具进行数字计算的一种方法，被誉为"中国的第五大发明"，联合国教科文组织已正式将中国珠算项目列入教科文组织人类非物质文化遗产名录。珠算既是会计计算的基本工具，又代表了中国古老的会计文化，虽然当今世界已进入了以计算机为标志的信息时代，珠算应用受到了计算机的挑战，但它仍以结构简单、运算简易、灵活方便等优点，显示出其独特的功用，在某些领域得到广泛运用。珠算技术是出纳乃至会计从业人员必备的职业基本技能，因此出纳应了解珠算的起源与发展、算盘的种类与结构；理解算盘的记数方法和打算盘的姿势；熟练掌握拨珠指法、握笔方法和加、减、乘、除四种运算方法等。

珠算操作时，看数要快、拨珠要准、反应要敏捷；集中精力，脑、手、眼并举，做到既快又准。

有关珠算技术的介绍与训练可参阅《计算技术与财经技能》《珠算技术》等教材。

> **你知道吗？**
> 珠算的练习可以锻炼五项智能能力，即感知能力、观察能力、记忆能力、思维能力和判断能力。

二、计算机操作

随着计算机技术的高速发展，办公自动化和会计信息化的推广和普及，出纳工作已经越来越离不开计算机了。出纳必须熟练运用常用的计算机知识，如文字处理软件 Word、制表软件 Excel 等。出纳人员运用计算机，可以轻松地完成大量的数据处理和账册登记工作，从日常烦琐、单调的事务中解脱出来，从而减轻劳动强度，提高工作效率，减少工作差错，促进出纳人员自身素质的提高。

有关计算机基础知识的介绍与基本操作可参阅《计算机基础知识》《Excel 在会计中的运用》等教材。

任务三 保险柜的购置与使用

为了保护国家及单位财产的安全和完整,各单位应配备专用保险柜,专门用于库存现金、各种有价证券、银行票据、印章及其他出纳票据等的存放与保管。保险柜的购置与使用应注意如下几点:

一、保险柜的购买配备

保险柜必须是国家技术监督部门和公安机关认可的品牌,并根据实际情况考虑安装报警系统。

目前使用的保险柜有机械式保险柜和电子保险柜,随着时代的发展及安全的需要,机械式保险柜(如图2-4所示)已经逐渐退出历史舞台,取而代之的是现代化的电子保险柜(如图2-5所示),其安全效果更佳。

图2-4 机械式保险柜

图2-5 电子保险柜

二、保险柜的管理与使用

保险柜一般由总会计师、财务总监或财务处(部、科)长授权,由出纳人员负责管理使用。

(一)保险柜钥匙的配备

保险柜要配备两把钥匙,一把由出纳人员保管,供出纳人员日常工作开启使用;另一把交由保卫部门封存,或由单位总会计师、财务总监或财务处(部、科)长负责保管,以备特殊情况下经有关领导批准后开启使用。出纳人员不能将保险柜钥匙交由他人代为保管。

（二）保险柜的开启

保险柜只能由出纳人员开启使用，非出纳人员不得开启保险柜。如果单位总会计师或财务处（部、科）长需要对出纳人员工作进行检查，如检查库存现金限额、核对实际库存现金数额，或有其他特殊情况需要开启保险柜的，应按规定的程序由总会计师、财务总监或财务处（部、科）长开启，在一般情况下不得任意开启由出纳人员掌管使用的保险柜。

（三）财物的保管

财务备用金或收入的现金，必须及时存入保险柜，夜晚保险柜内存放的现金不能超过银行规定的数额。每日终了后，出纳人员应将其使用的空白支票（包括现金支票和转账支票）、银钱收据、印章等放入保险柜内。保险柜内存放的现金应设置和登记现金日记账，其他有价证券、存折、票据等应按种类造册登记，贵重物品应按种类设置备查簿登记其质量、重量、金额等，所有财物应与账簿记录核对相符。按规定，保险柜内不得存放私人财物。

（四）保险柜密码管理

（1）出纳人员应将自己保管使用的保险柜密码熟记于脑，不得书面记载，严格保密，不得向他人泄露，以防被他人利用。

（2）密码应在本单位保卫部门或财务负责人处备份封存，以备用。

（3）出纳人员调动岗位，新出纳人员应更换使用新的密码。

下班前要锁好保险柜，打乱密码，将钥匙带走，印章和支票要分开保管；检查关闭好门窗、电器，开启报警装置（如有），锁好防盗门窗。

（五）保险柜的安置与维护

（1）保险柜应放置在隐蔽、干燥之处，不宜置于靠近门口和窗口区域并注意通风、防湿、防潮、防虫和防鼠。

（2）安置保险柜的房间，应当按照国家规定采取安防措施。

（3）保险柜外要经常擦抹干净，保险柜内财物应保持整洁卫生、存放整齐。一旦保险柜发生故障，应到公安机关指定的维修点进行修理，以防泄密或失盗。

三、保险柜被盗的处理

出纳人员发现保险柜被盗后应迅速采取以下措施：

（1）保护好现场，禁止无关人员进入现场，不要触动现场任何物品。

（2）迅速报告公安机关（或保卫部门），待公安机关勘查现场时才能清理财物被盗情况。

（3）不向无关人员泄露相关信息。

（4）回忆对破案可能有所帮助的信息。

（5）协助做好侦破工作。

节假日满两天以上或出纳人员离开两天以上没有派人代其工作的，应在保险柜锁孔处贴上封条，出纳人员到位工作时揭封。如发现封条被撕掉或锁孔处被弄坏，也应迅速向公安机关或保卫部门报告，以使公安机关或保卫部门及时查清情况，防止不法分子进一步作案。

知识链接

保险柜发生盗窃后的责任问题

如果保险柜发生盗窃案件，出纳人员是否应承担法律责任呢？从实践中看，如果不是出纳人员玩忽职守或监守自盗，在法律上出纳是没有责任的，但是如果保险柜失窃资金超过了规定的额度，那么出纳应承担赔偿责任。

任务四　POS 机的操作

POS（Point of Sales）机是一种配有条码或 OCR 码的终端阅读器（如图 2-6 所示）。随着银行卡的普及和使用，单位可以安装银行 POS 机来进行款项的支付，以减少出纳的现金流量，提高出纳的工作效率，保证资金的安全。POS 机的操作要点如下：

（1）使用 POS 机前需检查电源是否接通、打印机与主机是否连接正常、POS 机打印纸是否安装。

（2）操作员每天营业终了，应执行"日终处理"，特别注意，因某种原因需要更换 POS 机时，必须先做完"日终处理"后才能关机进行更换。

（3）切勿因重复刷卡造成持卡人重复扣账。交易时，若签购单未打印出来，操作员应先选择"重打印"功能，如果

图 2-6　POS 机

重打印仍无法打印出凭证，应选"查询当前交易"功能，查询该笔交易的批次号和商户流水号，然后断电，检查打印机是否连接正确，重新拔插后，选择打印特定记录处理。若仍旧无法打印，在 POS 机上查询余额，然后向银联客户服务中心查询交易是否被确认，若答复确实消费成功，可以将消费的要素抄写在 POS 机消费单上，持卡人签名即可取走货物，也可以撤销此笔交易，切勿随意再次刷卡重做交易，否则会给持卡人重复扣账。

（4）做交易时若刷卡失败，则应重试，重新做该笔交易，并稍后重新刷卡。

（5）持卡人密码输入。为保证交易的安全，公用 POS 机在交易时，持卡人需输入正确的银行卡密码，若持卡人银行卡无预留密码，操作员直接按 POS 机"确认"键进行交易，交易成功。

（6）切勿忘记让持卡人在签购单上签字，若持卡人签名与卡背面预留姓名或卡正面姓

名字母不一致，可向发卡行查询。

（7）对打印出的签购单上的交易类型需认真审查，以免将"消费"做成"预授权"，或将"退货"做成"消费"造成错账。

（8）退货交易可全额或部分退货，若退货不成功，切勿随意退现金或让持卡人将货拿走，可根据 POS 机提示做相应处理或与银联维护人员联系。

（9）不要随便拔插通信线。POS 机的通信接口为专用接口（Line 口），不可相互混淆。

任务五　小键盘的使用

小键盘是出纳人员在计算机录入过程中经常使用的功能键，它可以进行数字录入并具有计算功能。此外，它可以代替鼠标来操作计算机里的计算器。

一、小键盘的结构

小键盘位于键盘的右下部分，银行职员、财会人员用小键盘进行数字、符号的快速录入和传票的录入等。小键盘共 17 个键位，包括：数字操作键（10 个数字和小数点）；数字运算符号键（加、减、乘、除、回车）；小键盘左上角的数字锁定键（Num Lock），用来打开或关闭数字小键盘区。小键盘如图 2-7 所示。

图 2-7　小键盘

二、小键盘正确的指法

食指：Num Lock（数字锁定键）、1、4、7。中指：2、5、8、/（除号）。无名指：.（小数点）、3、6、9、*（乘号）。小指：Enter（回车）、+（加号）、-（减号）。拇指：0。

小键盘指法如图 2-8 所示。

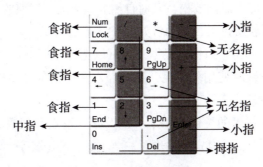

图 2-8　小键盘指法

任务六 点钞与假币识别

一、点钞的基本程序

点钞流程如图2-9所示。

图2-9 点钞流程图

(1) 拆把：把待点的成把钞票的封条拆掉。
(2) 点数：手点钞，脑记数，点准一百张。
(3) 扎把：把点准的一百张钞票墩齐，用腰条扎紧。
(4) 盖章：在扎好的钞票的腰条上加盖经办人名章，以明确责任。

1. 钞票整理

在人民币的收付和整点中，要把混乱不齐、折损不一的钞票先进行整理，使之整齐美观。钞票整理的具体要求是：

(1) 平铺整齐，边角无折。同券一起，不能混淆。
(2) 券面同向，不能颠倒。验查真伪，去伪存真。
(3) 剔除残币，完残分放。百张一把，十把一捆。
(4) 扎把捆紧，经办盖章。清点结账，复核入库。

2. 实际点钞

为达到上述具体要求，应做到以下几点：

(1) 点钞时，坐姿端正。点钞的坐姿会直接影响点钞技术的发挥和提高。正确的坐姿应该是直腰挺胸，身体自然，肌肉放松，双肘自然放在桌上，持票的左手腕部接触桌面，右手腕部稍抬起，整点货币轻松持久，活动自如。

(2) 选择方法，用品到位。点钞时根据实际可以选择单指单张、单指多张、多指多张、扇面式方法中的一种，点钞时使用的印泥、图章、水盒、腰条等要按使用顺序固定位置放好，以便点钞时使用顺手。

(3) 点数准确。点钞技术的关键是一个"准"字，清点和记数的准确是点钞的基本要求。点数准确一要精神集中，二要定型操作，三要手点、脑记，手、眼、脑紧密配合。

3. 钞票墩齐

钞票点好后必须墩齐（四条边水平，不露头，卷角拉平），这样才能扎把。

4. 扎把捆紧

扎小把，以提起把中第一张钞票不被抽出为准。按"井"字形捆扎的大捆，以用力推不变形，抽不出票把为准。

5. 盖章

腰条上的人名章，是分清责任的标志，每个人整点后都要盖章，图章要清晰可辨。

动作要领：动作连贯是保证点钞质量和提高效率的必要条件，点钞过程的各个环节（拆把、清点、墩齐、扎把、盖章）必须密切配合，环环相扣。清点中双手动作要协调，速度要均匀，要注意减少不必要的小动作。

二、点钞的具体方法

点钞包括整点纸币和清点硬币。点钞方法是相当多的，概括而言，可以划分为手工点钞和机器点钞两大类。对于手工点钞，根据持票姿势的不同，又可分为手按式点钞方法和手持式点钞方法。手按式点钞方法是将钞票放在台面上操作；手持式点钞方法是在手按式点钞方法的基础上发展来的，其速度远比手按式点钞方法快，因此手持式点钞方法在工作中应用比较普遍。

手持式点钞方法，根据指法不同又可分为单指单张、单指多张、多指多张、扇面式点钞四种。

手工清点硬币的方法也是一种手工点钞法。在没有工具之前，硬币全部用手工清点，这是清点硬币的一种基本方法，它不受客观条件的限制，只要熟练掌握，在工作中与工具清点速度相差不大。

1. 单指单张点钞法

用一个手指一次点一张的方法叫单指单张点钞法，这种方法是点钞中最基本也是最常用的一种方法，使用范围较广，使用频率较高，适用于收款、付款和整点各种新旧大小钞票。这种点钞方法由于持票面小，能看到票面的 3/4，容易发现假钞票及残破钞票，缺点是点一张记一个数，比较费力。具体操作方法如下：

（1）持钞。左手横执钞票，左手拇指在钞票正面左端约 1/4 处，食指与中指在钞票背面与拇指同时捏住钞票，无名指与小指自然弯曲并伸向票前左下方，与中指夹紧钞票，食指伸直，拇指向上移动，按住钞票侧面，将钞票压成瓦形，左手将钞票从桌面上擦过，拇指顺势将钞票向上翻成微开的扇形，同时，右手拇指、食指做点钞准备。持钞姿势如图 2-10 所示。

图 2-10　单指单张持钞姿势

（2）清点。左手持钞并形成瓦形后，右手食指托住钞票背面右上角，用拇指尖逐张向下捻动钞票右上角，捻动幅度要小，不要抬得过高。要轻捻，食指在钞票背面的右端配合拇指捻动，左手拇指按捏钞票不要过紧，要配合右手起自然助推的作用。右手的中指将捻起的钞票向怀里弹，要注意轻点快弹。清点姿势如图 2-11 所示。

图 2-11　单指单张清点姿势

（3）记数。记数与清点同时进行。在点数速度快的情况下，往往由于记数迟缓而影响点钞的效率，因此记数应该采用分组记数法。把 10 作 1 记，即 1、2、3、4、5、6、7、8、9、1（即 10），1、2、3、4、5、6、7、8、9、2（即 20），以此类推，数到 1、2、3、4、5、6、7、8、9、10（即 100）。采用这种记数法记数既简单又快捷，省力又好记。但记数时应默记，不要念出声，做到脑、眼、手密切配合，既准又快。

2. 单指多张点钞法

点钞时，一指同时点两张或两张以上的方法叫单指多张点钞法。它适用于收款、付款和各种券别的整点工作。点钞时记数简单省力，效率高。但也有缺点，就是在一指捻几张时，由于不能看到中间几张的全部票面，所以假钞票和残破钞票不易发现。这种点钞法除了记数和清点外，其他均与单指单张点钞法相同。

（1）持钞。持钞方法与单指单张点钞法相同。

(2)清点。清点时,右手食指放在钞票背面右上角,拇指肚放在正面右上角,拇指尖超出票面,用拇指肚先捻钞。单指双张点钞法,拇指肚先捻第一张,拇指尖捻第二张。单指多张点钞法,拇指用力要均衡,捻的幅度不要太大,食指、中指在票后面配合捻动,拇指捻张,无名指向怀里弹。在右手拇指往下捻动的同时,左手拇指稍抬,使票面拱起,从侧边分层错开,便于看清张数,左手拇指往下拨钞票,右手拇指抬起让钞票下落,左手拇指在拨钞的同时下按其余钞票,左右两手拇指一起一落协调动作,如此循环,直至点完。单指多张清点姿势如图 2-12 所示。

图 2-12　单指多张清点姿势

(3)记数。采用分组记数法,如点双数,两张为一组记一个数,50 组就是 100 张。

3. 多指多张点钞法

多指多张点钞法是指点钞时用小指、无名指、中指、食指依次捻下一张钞票,一次清点四张钞票的方法,也叫四指四张点钞法。这种点钞法适用于收款、付款和整点工作。该方法不仅省力、省脑,而且效率高。能够逐张识别假钞票和剔除残破钞票。

(1)持钞。用左手持钞,中指在前,食指、无名指、小指在后,将钞票夹紧,四指同时弯曲将钞票轻压成瓦形,拇指在钞票的右上角外面,将钞票推成小扇面,然后手腕向里转,使钞票的右上角抬起,右手五指准备清点。

(2)清点。右手腕抬起,拇指贴在钞票的右上角,其余四指同时弯曲并拢,从小指开始每指捻动一张钞票,依次下滑四个手指,每一次下滑动作捻下四张钞票,循环操作,直至点完 100 张。

(3)记数。采用分组记数法,每次点四张为一组,记满 25 组为 100 张。

4. 扇面式点钞法

把钞票捻成扇面状进行清点的方法叫作扇面式点钞法。这种点钞方法速度快,是手工点钞中效率最高的一种。但它只适合清点新票币,不适于清点新、旧、破混合钞票。

(1)持钞。钞票竖拿,左手拇指在票前下部,占整个票面约 1/4。食指、中指在票后同拇指一起捏住钞票,无名指和小指蜷向手心。右手拇指在左手拇指的上端,用虎口从右侧卡住钞票成瓦形,右手食指、中指、无名指、小指均横在钞票背面,做开扇准备。

(2)开扇。开扇是扇面式点钞法的一个重要环节,扇面要开得均匀,为清点打好基础,做好准备。其方法是：以左手为轴，右手食指将钞票向胸前左下方压弯，然后再猛向右方移动，同时右手拇指在票前向左上方推动钞票，右手食指、中指在票后面用力向右捻动，左手拇指在钞票原位置逆时针方向画弧捻动，左手食指、中指在票后面用力向左上方捻动，右手手指逐步向下移动，至右下角时即可将钞票推成扇面形。如有不均匀的地方，可双手持钞抖动，使其均匀。

开扇时，左右两手一定要配合协调，不要将钞票捏得过紧，如果点钞时采取一按10张的方法，扇面要开小些，便于点清。

(3) 清点。左手持扇面，右手中指、无名指、小指托住钞票背面，拇指距钞票右上角1厘米处，一次按下5张或10张；按下后用食指压住，拇指继续向前按第二次，以此类推，同时左手应随右手点数速度向内转动扇面，以迎合右手按动，直到点完100张为止。

(4) 记数。采用分组记数法，一次按5张为一组，记满20组为100张；一次按10张为一组，记满10组为100张。

(5) 合扇。清点完毕合扇时，将左手向右倒，右手托住钞票右侧向左合拢，左右手指向中间一起用力，使钞票竖立在桌面上，两手松拢轻墩，把钞票墩齐，准备扎把。

三、钞票扎把

点钞完毕后需要对所点钞票进行扎把，通常是100张捆扎成一把，分为缠绕式和扭结式两种方法。

1. 缠绕式

采用此种方法，需使用牛皮纸腰条，其具体操作方法如下：

(1) 将点好的钞票100张墩齐。

(2) 左手从长的方向拦腰握着钞票，使之成为瓦状（瓦状的幅度影响扎钞的松紧，在捆扎中幅度不能变）。

(3) 右手握着腰条头将其从钞票的长的方向夹入钞票的中间，如图2-13所示，从凹面开始绕钞票两圈，如图2-14所示。

图2-13 钞票中间插入腰条

图2-14 缠绕式扎把姿势

(4) 将腰条向右折叠90°，将腰条头绕捆在钞票的腰条上转两圈打结，如图2-15

所示。

图 2-15　缠绕式扎把

（5）整理钞票。

2. 扭结式

考核、比赛采用扭结式方法，需使用绵纸腰条，其具体操作方法如下：

（1）将点好的钞票 100 张墩齐。

（2）左手握钞，使之成为瓦状。

（3）右手将腰条从钞票凸面放置，将两腰条头绕到凹面，左手食指、拇指分别按住腰条与钞票厚度交界处。

（4）右手拇指、食指夹住其中一端腰条头，中指、无名指夹住另一端腰条头，并合在一起，右手顺时针转 180°，左手逆时针转 180°，将右手拇指和食指夹住的那一头从腰条与钞票之间绕过、打结。

四、点钞评价考核参考标准

点钞评价考核参考标准见表 2-1。

表 2-1　点钞评价考核参考标准

考核方式	考核标准	成绩	备注
单把方式	30 秒以内	优	点钞方式：单指单张 考核内容：100 张抽点、捆，在正确率 100% 的基础上计算成绩；捆钞美观且紧
	30~35 秒	良	
	36~45 秒	及格	
	超过 45 秒	不及格	
多把方式	16 把	优	点钞方式：单指单张 考核内容：10 分钟计时点、捆，在正确率 100% 的基础上计算成绩；捆钞美观且紧
	14 把	良	
	12 把	及格	
	低于 12 把	不及格	

五、整点硬币

在实际工作中整点硬币一般有两种方法：手工整点硬币和工具整点硬币。

1. **手工整点硬币**

手工整点硬币常用在收点硬币尾款和零款，以 100 枚为一卷，一次可清点 5 枚、12 枚、14 枚或 16 枚，最多的可一次清点 18 枚，主要是依个人技术熟练程度而定。其操作方法如下：

（1）拆卷。右手持硬币卷的 1/3 部位，放在待清点完包装纸的中间，左手撕开硬币包装纸的一头，然后右手大拇指向下从左到右端划开包装纸，把纸从卷上面压开后，左手食指平压硬币，右手抽出已压开的包装纸，这样即可准备清点。

（2）点数。按币值由大到小的顺序进行清点，用左手持币，右手拇指、食指分组清点。为保证准确，用右手中指从一组中间分开查看，如一次点 18 枚为一组，即从中间分开一边 9 枚；如一次点 10 枚为一组，一边为 5 枚。计数方法：分组计数，一组为一次，如点 10 组即计 10 次，其他以此类推。

（3）包装。硬币清点完毕后，用双手的无名指分别顶住硬币的两头，用拇指、食指、中指捏住硬币的两端，将硬币取出放入已准备好的包装纸 1/2 处，用双手拇指把包装纸向外掀起掖在硬币底部，再用右手掌心用力向外推卷，然后用双手的中指、食指、拇指分别将两头包装纸压下均贴至硬币，这样使硬币两头压三折，包装完毕。

2. **工具整点硬币**

工具整点硬币是指大批的硬币用整点工具进行整点。具体操作步骤如下：

（1）拆卷。拆卷有两种方法：

1）震裂法拆卷。用双手的拇指与食指、中指捏住硬币的两端向下震动，在震动的同时左手稍向里扭动，右手稍向外扭动。值得注意的是，用力要适度，使包装纸震裂，取出震裂的包装纸，准备清点。

2）刀划法拆卷。首先在硬币整点器的右端安装一个坚硬刃向上的刀片，拆卷时用双手的拇指、食指、中指捏住硬币的两端，从左端向右端在刀刃上划过，这样做包装纸被刀刃划破一道口，硬币进入整点器盘内，然后将被划开的包装纸拿开，准备点数。

（2）点数。硬币放入整点器内进行清点时，用双手食指扶在整点器的两端，拇指推动弹簧轴，眼睛从左端到右端，看清每格内是否是 5 枚，如有氧化变形及伪币随时挑出，如数补充上，然后准备包装。

（3）包装。工具整点硬币的包装方法与手工整点硬币相同，包装完成图如图 2-16 所示。

图 2-16　整点包装后的硬币

六、点钞机的使用

点钞机的使用流程如图 2-17 所示。

图 2-17　点钞机的使用流程图

1. 整理钞票

使用点钞机前,要先将相同面额的纸币,按相同的图案和相同的方向排放整齐,并将残币放在最上面。

2. 上机点检

首先,打开点钞机,使其处于工作状态,再把整理好的钞票放入点钞机后部的验钞口,对于待清点的钞票,最好捻开成一个前低后高的斜面,再放入验钞台,使钞票从第一张依次自然下滑,通过捻钞轮进入机器内。机器便开始自动逐张进行检验,每检验认可一张纸币,机器的显示屏就会显示出已验过的纸币张数,如图 2-18 所示。

3. 二次清点

对已经检验完毕的纸币,还要倒换为另

图 2-18　工作状态中的点钞机

一面再进行一次点检。

4. 特殊情况处理

机器运行时，操作人员要认真进行检查，如发现有假钞、破损或其他异物，或者有绵软、霉烂的钞票时，要立即剔除，然后再继续清点。清点过程中若发现假币，机器就会自动停止，蜂鸣器发出"嘟嘟"声报警信号，或在任意工作状态下指示灯亮，并且闪烁，显示屏显示"鉴伪方式显示符"，取出假币后按任意键继续清点。

若点钞过程中出现卡币现象，可能是由于纸币放入不正，或者纸币较为褶皱所致。可以关机并切断电源，打开面板，再将卡住的纸币取出。必要时，应当送交专业机构进行维修。

5. 结束时的处理

操作完毕，要注意检查机器上是否有遗漏钞票，并关闭电源。

七、假币的识别与处理

（一）假币的识别方法

直观辨别人民币真伪的方法，可归纳为"一看、二摸、三听、四测"。

1. "一看"

一是看水印，把人民币迎光照看，10元以上人民币可在水印窗处看到人头像或花卉水印，5元纸币是水仙花。二是看安全线，第四套人民币1990版50元、100元钞票在币面右侧有一条清晰的直线。假币的"安全线"或是用浅色油墨印成，模糊不清，或是手工夹入一条银色塑料线，容易在纸币边缘发现未经剪齐的银白色线头。第五套人民币的安全线上有微缩文字，假币仿造的文字不清晰，线条容易抽出。三是看钞面图案色彩是否鲜明，线条是否清晰，对接线是否对接完好，有无留白或空隙。

2. "二摸"

由于5元以上面额人民币采取凹版印刷，线条形成凸出纸面的油墨道，特别是在盲文点、"中国人民银行"字样、第五套人民币人像部位等。用手指抚摸这些地方，有较鲜明的凹凸感，较新钞票用手指划过，有明显阻力。目前收缴到的假币是用胶版印刷的，平滑、无凹凸感。

3. "三听"

人民币纸张是特制纸，结实挺括，较新钞票用手指弹动会发出清脆的响声。假币纸张发软、偏薄，声音发闷，不耐揉折。

4. "四测"

用简单仪器进行荧光检测，一是检测纸张有无荧光反应，人民币纸张未经荧光漂白，在荧光灯下无荧光反应，纸张发暗。假币纸张多经过漂白，在荧光灯下有明显荧光反应，纸张发白发亮。二是人民币有1~2处荧光文字，呈淡黄色，假人民币的荧光文字色泽不正，呈惨白色。

（二）识别举例

下面以 2015 年版 100 元人民币为例说明人民币识别。

1. 票面特征

2015 年版第五套人民币 100 元纸币在保持 2005 年版第五套人民币 100 元纸币规格、主图案、主色调、"中国人民银行"行名、国徽、盲文和汉语拼音行名、民族文字等不变的前提下，对部分图案做了调整，对整体防伪性能进行了提升。

正面图案主要调整：

（1）取消了票面右侧的凹印手感线、隐形面额数字和左下角的光变油墨面额数字。

（2）票面中部增加了光彩光变数字，票面右侧增加了光变镂空开窗安全线和竖号码。

（3）票面右上角面额数字由横排改为竖排，并对数字样式做了调整；中央团花图案中心花卉色彩由橘红色调整为紫色，取消花卉外淡蓝色花环，并对团花图案、接线形式做了调整；胶印对印图案由古钱币图案改为面额数字"100"，并由票面左侧中间位置调整至左下角。

背面图案主要调整：

（1）取消了右侧的全息磁性开窗安全线和右下角的防复印标记。

（2）减少了票面左右两侧边部胶印图纹，适当留白；胶印对印图案由古钱币图案改为面额数字"100"，并由票面右侧中间位置调整至右下角；面额数字"100"上半部颜色由深紫色调整为浅紫色，下半部由大红色调整为橘红色，并对线纹结构进行了调整；票面局部装饰图案色彩由蓝、红相间调整为紫、红相间；左上角、右上角面额数字样式均做调整。

（3）年号调整为"2015 年"。

2. 防伪特征

2015 年版 100 元人民币防伪特征如图 2-19 所示。

（1）光变镂空开窗安全线。位于票面正面右侧。垂直票面观察，安全线呈品红色；与票面成一定角度观察，安全线呈绿色；透光观察，可见安全线中正反交替排列的镂空文字"100"。

（2）光彩光变数字。位于票面正面中部。垂直票面观察，数字以金色为主；平视观察，数字以绿色为主。随着观察角度的改变，数字颜色在金色和绿色之间交替变化，并可见到一条亮光带上下滚动。

（3）人像水印。位于票面正面左侧空白处。透光观察，可见毛泽东头像。

（4）胶印对印图案。票面正面左下方和背面右下方均有面额数字"100"的局部图案。透光观察，正背面图案组成一个完整的面额数字"100"。

（5）横竖双号码。票面正面左下方采用横号码，其冠字和前两位数字为暗红色，后六位数字为黑色；右侧竖号码为蓝色。

（6）白水印。位于票面正面横号码下方。透光观察，可以看到透光性很强的水印面额数字"100"。

（7）雕刻凹印。票面正面毛泽东头像、国徽、"中国人民银行"行名、右上角面额数字、盲文及背面人民大会堂等均采用雕刻凹印印刷，用手指触摸有明显的凹凸感。

图 2-19　100 元人民币防伪特征

（三）假币的处理

1. 要求更换

出纳人员收款时如果收到假币，应当要求交款人予以更换。如果交款人坚持不换，出纳人员和交款人可一起前往附近银行，进行鉴别。

2. 没收

如果到银行交现金时，银行柜员发现假币，会当场没收，并向交款人开具没收手续。但银行没收假币人员须持有相关资格证书，中国人民银行、公安机关和经中国人民银行授权的工、农、中、建 4 家股份商业银行的业务机构具有没收假币的权力。另根据《中华人民共和国人民币管理条例》规定，凡是办理人民币存取款业务的金融机构都可以收缴假币。

3. 出纳人员收到假币的后果

识别假币是出纳的基本功,因而当出纳人员误收假币,被银行没收时,出纳人员就要承担赔偿责任。

八、残缺污损人民币

(一) 残缺污损人民币标准

(1) 纸币票面缺少面积在 20 平方毫米以上。

(2) 纸币票面裂口 2 处以上,长度每处超过 5 毫米;裂口 1 处,长度超过 10 毫米。

(3) 纸币票面起皱较明显、脱色、变色、变形,不能保持其票面防伪功能等情形之一。

(4) 纸币票面污渍、涂写字迹面积超过 2 平方厘米;不超过 2 平方厘米,但遮盖了防伪特征之一。

(5) 硬币有穿孔、裂口、变形、磨损、氧化,文字、面额数字、图案模糊不清等情形之一。

(二) 残缺污损人民币的处理

对于持有残缺污损不宜流通的人民币,可到各商业银行营业网点按规定进行兑换。

任务七 印章、印鉴的管理

出纳人员在工作中经常会遇到印章和印鉴。对于公司来说,印章很重要,出纳人员要保管好。

一、财务印章的种类

财务印章主要包括财务专用章、经办人员的名章等。

1. 财务专用章

财务专用章是各单位办理单位会计核算和银行结算业务时使用的专用章。

2. 经办人员的名章

会计人员应有各自明确的分工,坚持"谁经手,谁负责"的原则,一旦相关业务出现问题,可通过所盖名章确定相关责任人以追究责任。如有人员发生岗位变动,应及时更换印章，以分清责任。

二、财务印章的保管与使用

一般由财务人员保管各自的名章，由财务负责人或复核人员保管财务专用章。这样既有利于互相监督，又便于明确责任。使用印章时，如签发支票用于付款，一般先由出纳人员根据支票管理制度的规定，填写好票据，盖上出纳人员名章，然后交复核人员审查该付款项目是否列入开支计划、是否符合开支规定，如无不妥，则加盖财务专用章正式签发。负责保管的人员不得将印章随意存放或带出企业，确因工作需要需携带印章外出的，应在外出前，报单位负责人批准。

三、预留印鉴的管理

预留印鉴是指存款人在银行开立银行结算账户时留存的、凭以办理款项支付结算的权利证明，也是开户银行办理收付结算的审核依据。如果需要更换银行预留印鉴，应填写"印鉴更换申请书"，同时出具证明情况的公函，一并交开户银行，经银行同意后，在银行发给的新印鉴卡的背面加盖原预留印章，在正面加盖新启用的印章。

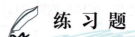

练 习 题

一、单项选择题

1. 根据银行关于票据日期书写的规定，2019 年 6 月 30 日的正确书写方式是（　　）。
   A. 贰零壹玖年陆月叁拾日　　　　　　B. 贰零壹玖年陆月零叁拾日
   C. 贰零壹玖年零陆月叁拾日　　　　　D. 贰零壹玖年零陆月零叁拾日
2. 对于日期或金额填错的银行支票，正确的处理方法是（　　）。
   A. 直接在填错的地方更正　　　　　　B. 直接在填错的地方更正并加盖名章
   C. 在填错的地方用画线更正　　　　　D. 将该张支票作废重开
3. 关于保险柜密码的管理，正确的方法是（　　）。
   A. 出纳员将密码记在自己的笔记本上，以防忘记
   B. 出纳员将密码本放在自己办公桌的抽屉里，以备用
   C. 出纳员自己熟记于脑中，不做任何形式的记载
   D. 出纳员自己熟记于脑中，同时为防止忘记，可以将密码告诉财务负责人

二、多项选择题

1. 出纳人员练习珠算，可以锻炼（　　）。
   A. 感知能力　　　B. 认知能力　　　C. 记忆能力　　　D. 判断能力
2. 手持式点钞方法有（　　）。

A. 单指单张点钞法　　B. 单指多张点钞法　　C. 多指多张点钞法　　D. 扇面式点钞法
3. 一旦保险柜发生被盗，出纳员应（　　）。
　　A. 保护好现场　　　　　　　　　　　B. 迅速报告公安机关或保卫部门
　　C. 不随意泄露有关信息　　　　　　　D. 协助公安部门做好侦破工作

三、技能训练题

技能训练题一：书写财会数字

1. 将下面的大写金额用小写金额表示
　　（1）人民币肆仟柒佰肆拾捌元贰角壹分　　　¥
　　（2）人民币伍万叁仟陆佰柒拾元零贰分　　　¥
　　（3）人民币壹佰肆拾叁万柒仟元整　　　　　¥
　　（4）人民币捌万零贰角整　　　　　　　　　¥
　　（5）人民币壹拾叁万陆仟伍佰贰拾元整　　　¥
2. 将下面的小写金额用大写金额来表示
　　（1）¥46,023.20　　　　人民币
　　（2）¥94,530.60　　　　人民币
　　（3）¥456,000.00　　　 人民币
　　（4）¥70,003.83　　　　人民币
　　（5）¥10,020.39　　　　人民币
3. 请写出下列日期的大写文字
　　（1）2019年5月8日
　　（2）2020年10月18日
　　（3）2020年10月30日
　　（4）2020年9月25日
　　（5）2021年4月15日

技能训练题二：点钞

　　准备一沓现钞或点钞练功券，整点时要求同时两人以上参加，经过初点、复点、发现差错、换人复核，在规定的时间内，准确无误后，即为成绩合格。
　　要求：掌握出纳工作中钞票的整理、墩、捆、拆法和各种点法，做到点准、挑净、墩齐、捆紧、签章清楚。

原始凭证的认知与审核

学习目标

知识目标

※ 理解原始凭证的含义、分类、基本知识。

※ 掌握发票的分类、基本知识、审核要点。

※ 掌握自制原始凭证、收据、特殊票据的基本知识、审核要点。

※ 掌握原始凭证的审核程序。

能力目标

※ 能解释原始凭证的基本内容、功能、基本要求。

※ 能掌握原始凭证审核要点。

※ 能审核发票、各类自制原始凭证、收据、特殊票据。

※ 能进行不合规票据的处理。

任务一　原始凭证的认知

一、原始凭证审核在出纳工作中的地位

原始凭证审核在出纳工作中的地位是由原始凭证在会计核算中的地位所决定的。

根据《会计基础工作规范》规定，一个单位，并不是发生每一笔经济业务都需要进行会计核算，但是发生以下事项，应当及时办理会计手续、进行会计核算：

(1) 款项和有价证券的收付。
(2) 财物的收发、增减和使用。
(3) 债权债务的发生和结算。
(4) 资本、基金的增减。
(5) 收入、支出、费用、成本的计算。
(6) 财务成果的计算和处理。
(7) 其他需要办理会计手续、进行会计核算的事项。

同时规定，办理进行会计核算的事项，必须取得或填制原始凭证。因此取得或填制原始凭证是进行会计核算工作的前提和基础。

在出纳业务中，原始凭证审核的地位主要体现在以下三个方面：

(1) 有利于保证经济业务的真实、合法。
(2) 有利于保证会计核算的准确、真实、及时、规范。
(3) 有利于出纳人员规避法律风险。

小案例

某餐厅因采购调料，收取了供应商提供的假发票并据以进行了会计处理，被税务机关查处补交了企业所得税30万余元及滞纳金，并处罚款8,000元。该餐厅认为被处罚的经济损失是由供应商提供的假发票造成的，故诉至人民法院，要求供应商赔偿部分经济损失。人民法院根据《会计法》相关规定，认为餐厅的会计人员对发票进行审核是其法定义务，由于其审核失误造成假发票入账，被税务机关依法处理，造成的损失应由其自行承担，驳回了原告的诉讼请求。

由此案例可以看出，对据以进行会计核算的原始凭证进行必要的审核在会计核算工作中具有非常重要的作用。

二、原始凭证的含义、种类和基本要求

（一）原始凭证的含义

原始凭证是在经济活动发生的同时填制或取得的会计凭证，是证明经济业务发生和完成情况的书面凭据。它是进行会计核算的原始资料，也是会计监督的重要依据。

原始凭证的种类很多，如经济业务发生时从单位外部取得的发票、收据等，也有从单位内部取得的工资表、发货单、收货单、领料单、入库单等。

对于出纳人员来说，凡是涉及现金收付和银行结算以及外汇的收付和结算的业务，都必须取得或填制原始凭证，才能进行出纳核算。这些原始凭证必须是能反映经济业务的发生或完成情况的各种书面凭据，而那些不能证明经济业务的发生和完成情况的书面凭据，如经济合同等，则不能作为原始凭证。

（二）原始凭证的种类

原始凭证的种类有很多，按照不同的分类标准，可以分出多种类别，如按取得凭证的来源划分，原始凭证可以分为自制原始凭证和外来原始凭证两种。

（1）自制原始凭证是指单位内部有关部门和人员在从事某项经济活动时填制的原始凭证，如结算并支付工资时填制的"工资表"、单位内部发生款项往来时填制的"收款收据"及材料入库时的"收料单"等。

（2）外来原始凭证是指在经济活动中，从本单位以外获取的原始凭证，如销货单位开具的发票、银行转来的收款通知单等。

（三）原始凭证的基本要求

（1）原始凭证必须具备以下内容：凭证的名称，填制凭证的日期，填制凭证单位的名称或者填制人的姓名，经办人员的签名或者盖章，接受凭证单位的名称，经济业务内容、数量、单价和金额。

（2）从外单位取得的原始凭证，必须盖有填制单位的公章；从个人取得的原始凭证，必须有填制人员的签名或者盖章。自制原始凭证必须有经办单位领导人或者其指定的人员签名或者盖章。对外开出的原始凭证，必须加盖本单位公章。

（3）凡填有大写和小写金额的原始凭证，大写与小写金额必须相符。购买实物的原始凭证，必须有验收证明。支付款项的原始凭证，必须有收款单位和收款人的收款证明。

（4）一式几联的原始凭证，应当注明各联的用途，只能以一联作为报销凭证。

一式几联的发票和收据，必须用双面复写纸（发票和收据本身具备复写纸功能的除外）套写，并连续编号。作废时应当加盖"作废"戳记，连同存根一起保存，不得撕毁。

（5）发生销货退回的，除填制退货发票外，还必须有退货验收证明；退款时，必须取得对方的收款收据或者汇款银行的凭证，不得以退货发票代替收据。

（6）职工因公出差的借款凭据，必须附在记账凭证之后。收回借款时，应当另开收据或者退还借据副本，不得退还原借款收据。

（7）经上级有关部门批准的经济业务，应当将批准文件作为原始凭证附件，如果批准文件需要单独归档，应当在凭证上注明批准机关名称、日期和文件字号。

任务二 原始凭证的审核

一、原始凭证的审核要点

出纳人员审核原始凭证是一种程序性的要求，即办理会计手续、进行会计核算以前，出纳人员必须对原始凭证进行复核，只有审核无误、符合规定的原始凭证，才能据以编制记账凭证并办理款项的收付，否则不得进行会计核算。同时，审核原始凭证也是一种实体性的要求，即有具体的复核内容。因此对原始凭证的真实性、合法性、有效性进行认真审核，既是出纳人员应履行的财务监督职责的一部分，也是出纳人员做好出纳工作的前提条件。

出纳人员应该时刻保持足够的职业敏感性，对所经历的异常事件给予关注。

1. 审核凭证要素的齐全性

在确认原始凭证是财政、税务部门允许使用的票据的基础上，根据《会计基础工作规范》的规定，进行其基本要素构成的完备性检查，即检查原始凭证的名称、原始凭证的编号和填制日期、接受原始凭证的单位姓名、经济业务的基本内容、填制单位和经办人员的签章等凭证要素是否齐全。

2. 审核"抬头"

发票抬头是指收取发票的公司名称或个人姓名，出纳人员要审核凭证上的"抬头"是否与本单位名称相符，有无添加、涂改的现象，防止将其他单位或私人购物的发票入账。

3. 审核日期

审核原始凭证开具的日期与报销日期是否异常。一般情况下，上述两者日期不会间隔太长。如果两者相差久远，则要查询原因。

审核发票的印制日期。按照规定，开具发票的单位每年度都应从税务部门领取本年度版本的发票，即便使用以前年度版本的发票，一般也不会时间跨度很大。审核发票的印制日期，实际上就是看是否把作废的发票又拿来重新使用，如果是，不但不能报销，而且还要向有关发票管理机构反映。

4. 审核凭证编号

审核凭证编号主要是看凭证有无连号现象，防止把别人的发票拿来报销。

5. 审核填写内容

发票中各项内容填写不规范、不齐全、不正确、涂改现象严重，是虚假原始凭证的主要表现特征。例如：凭证字迹不清；原始凭证的经手人填写不齐全，有名无姓或有姓无名；计量单位不按国家法定计量单位而随意以"桶""袋"等来计量；货物名称填写不具体、胡乱填写其他物品名称等。

6. 审核数字

要检查原始凭证的小写金额是否与大写金额相符、阿拉伯数字是否曾涂改或添加、数量乘单价是否等于金额、分项金额相加是否等于合计数。

7. 审核凭证限额

出于票证管理的需要，有的凭证规定了限额，如有的发票规定最高限额为"千位"，但开票人却人为地在发票上增添一栏"万位"，这类支出凭证不是违纪就是违规。

8. 审核凭证的经济内容

审核行业专用发票与填写的经济内容是否一致。私自改变发票的使用范围，跨行业使用或者借用发票，是虚假原始支出凭证的重要特征。例如，以零售、批发业发票来代替饮食、服务业发票。

9. 审核印章

要检查印章是否符合规定。这里所说的印章，是指具有法律效力和特定用途的"公章"，即能够证明单位名称和性质的印章，包括财务专用章、发票专用章等。虚假发票印章的一般特征是：印章本身模糊，或盖章时有意用力不足以致模糊不清，或乱盖其他印章，有的甚至不盖印章。

10. 审核字迹

对于金额大、支出业务不正常，疑似报销人员自己填写的支出凭证，必须仔细审核。在日常工作中，销货单位提供空白发票，由本单位经办人员自行填制列支费用的事项时，这种情况时有发生。

11. 审核手续

检查原始支出凭证报销是否已经过必需的程序，如采购货物的入库验收程序等。通过正常程序的审核，认定原始支出凭证的真实性、合法性，从而防止虚假和舞弊的发生。

另外，还必须审核领导审批签字是否齐全、是否有伪造嫌疑。支付款项的外来原始凭证，除经办人员必须签字或盖章外，还必须按本单位规定的审批程序、权限，由相应的负责人审批盖章。自制的原始凭证，也必须由经办单位的负责人或者由单位负责人指定的人员审批盖章。

12. **审核凭证备注**

审核备注栏有何规定或说明，如有无"违章罚款，不得报销""滋补药品，费用自理"等字样。

13. **审核凭证背面**

由于一式多联的手写版原始凭证有些需要用复写纸复写，因而这种原始凭证背面应有复写的印痕，如果没有，则应特别注意是否存在"大头小尾"（俗称阴阳票）的可能性，必须向持证人查询原因。

14. **审核完整性**

出纳人员应认真审核原始票据的完整性，对于如差旅费、市内交通费及其他定期汇总报销的单据，出纳人员应认真清点报销凭证所附发票、车票等原始票据的数量，确保原始票据汇总金额与报销凭证上的金额一致。

15. **审核开支标准**

根据现行有关财经法规、财务制度和本单位的规定，严格审查修理费、会议费、招待费、差旅费、电话费等各项费用是否合理和符合开支标准。

16. **审核业务量**

根据本单位的规模、经济活动的规律、会计结算的要求等特点，审核支出凭证的真实性。例如，某单位自备轿车一辆，驾驶员平常一个月报销汽油费 2,500 元左右，但在某一个月份，该驾驶员欲凭发票报销汽油费 5,000 元，诸如此类的异常情况要查明原因。

17. **审核路线**

差旅费审核时要注意出差的行程路线审核，业务人员一般不得乘坐旅游船和旅游专线的汽车，并不得绕行，违反规定的，其超出标准的金额，应自行承担。

此外，在审核原始凭证时，还要注意分析一些不能通过凭证票面反映的问题。例如：采购物资是否舍近求远、舍优求劣；购买的办公用品只写金额，没有具体内容，如有类似的问题必须问清缘由，防止被少数人钻了空子。

二、原始凭证的审核流程

原始凭证的审核流程如图 3-1 所示。

图 3-1 原始凭证的审核流程图

（1）受理票据：指出纳人员接受业务经办人员送交会计核算部门的发票及其他相关原始凭证。

（2）票面验看：指出纳人员对接受的发票票面进行初步复核。

（3）内容核对：指出纳人员对发票票面所记载的信息进行复核。

（4）查询：指出纳人员对前两步复核出的疑点通过相关渠道进行查询核实。

（5）差错处理：指出纳人员针对复核发现的问题，按相关规定退回、补正、扣留、汇报等方式进行处理。

三、发票审核

（一）增值税专用发票的审核

1. 受理票据

票据受理时，要求出纳人员一次接受齐经济业务的所有原始凭证，即除了增值税专用发票的发票联、抵扣联以外（如图 3-2、图 3-3 所示），对于汇总开具的增值税专用发票，应要求业务经办人提供"销售货物或者提供应税劳务清单"；对于购入实物资产的，除水、电、气等不需验收入库的物品外，应由经办人同时提供入库单等验收入库凭据。

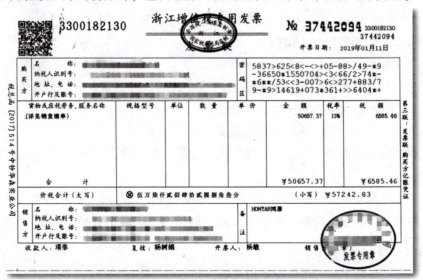

图 3-2 增值税专用发票发票联

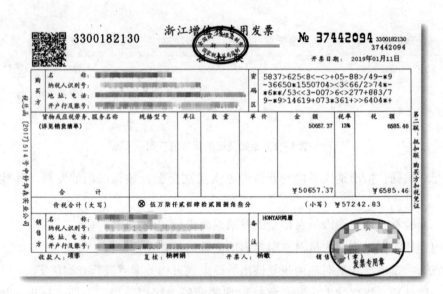

图 3-3 增值税专用发票抵扣联

2. 票面验看

增值税专用发票全部为平推式机打发票，其票面复核主要体现在以下几方面：

（1）票幅：增值税专用发票的票幅为 240 毫米×140 毫米，从外观上基本可以判断。

（2）纸张：增值税专用发票的纸张为带有由国家税务总局监制的全国统一发票监制章的无碳复写纸，纸张厚薄均匀。

（3）印刷：增值税专用发票的文字印迹清晰、颜色纯正、无缺字、无透印、无断道、无折角油污，票面整洁。

3. 内容核对

（1）项目齐全，与实际交易相符。增值税专用发票开具的只能是应税项目和应税劳务，不能出现免税项目；从商业企业零售环节购买的烟、酒、食品、服装、鞋帽（不包括劳保专用部分）、化妆品等消费品也不应当取得增值税专用发票。

（2）字迹清楚，不得压线、错格。

（3）发票联和抵扣联应当加盖发票专用章。

（4）开具时间：一是受理的发票是否已过 360 日的认证期限，二是供货方有否刻意推迟开具发票，距增值税纳税义务发生时间较远。

（5）票面限额与供应方企业规模应相适应。

（6）结合其他相关原始凭证，复核结算程序中票、款、物"三统一"，一般应避免现金方式结算。

（7）受理红字增值税专用发票，要与"开具红字增值税专用发票申请单"相对应，同时分清"开具红字增值税专用发票申请单"对应的蓝字增值税专用发票是否已经认证。

4. 电话（网络）查询

对实施以上复核程序后的增值税专用发票，如有难以排除的疑点，可向主管税务机关电话（网络）查询，以排除疑点。

(二)普通发票的审核

普通发票由各级地方税务局及国家税务局印制销售。

知识链接

1. 普通发票分类代码编制规则

普通发票分类代码(以下简称分类代码)为12位阿拉伯数字。从左至右排列:

第1位为国家税务局、地方税务局代码,1为国家税务局,2为地方税务局,0为总局。

第2、3、4、5位为地区代码(地、市级),以全国行政区域统一代码为准,总局为0000。

第6、7位为年份代码(如2010年以10表示),是指发票的印刷年份,并非发票的使用年份,可以跨年度使用。

第8、9、10、11、12位为细化的发票行业及种类代码,由省、自治区、直辖市和计划单列市国家税务局、地方税务局确定。

2. 发票号码(即发票顺序码)编制规则

普通发票号码为8位阿拉伯数字。如发票号码资源不够用,在设计时应考虑与分类代码结合,即在分类代码的第9、10、11、12位中设置1位为批次代码。

企业冠名发票,可在第9、10、11、12位分类代码中设置1位单独表示,或者直接在发票号码中以给每个企业分配一段号码的方式进行编制。

3. 印制位置和规格

发票号码采用号码机印刷,号码机采用哥特字体。手工票、定额票、电脑票(平推打印)号码机的规格为:字高3.34毫米,字宽1.86毫米,字笔道0.34毫米,字间距0.99毫米,号码总长21.81毫米。卷式发票号码机规格为:字高3毫米,字宽1.66毫米,字笔道0.32毫米,字间距1.19毫米,号码总长21.61毫米。发票号码采用喷墨方式印刷的,按照号码机印刷的规格喷印。

分类代码印制规格应与发票号码一致。

4. 普通发票种类

根据《全国普通发票简并票种统一式样工作实施方案》的规定,简并后的普通发票分为通用机打发票、通用手工发票和通用定额发票三大类。发票名称分别为"××省××税务局通用机打发票""××省××税务局通用手工发票""××省××税务局通用定额发票"。

(1)通用机打发票。通用机打发票分为平推式发票和卷式发票。

平推式发票按规格分为210毫米×297毫米、241毫米×177.8毫米、210毫米×139.7毫米、190毫米×101.6毫米、82毫米×101.6毫米(过路过桥发票)五种。票面为镂空设计。除"发票名称""发票联""发票代码""发票号码""开票日期""行业类别"印制内容外，其他内容全部通过打印软件进行控制和打印。"行业类别"打印发票开具的所属行业，如"工业""商业""收购业""餐饮业""娱乐业""保险业""税务机关代开""银行代开"等。通用机打发票基本联次为三联，即存根联、发票联、记账联。

卷式发票按规格分为：57 毫米、76 毫米、82 毫米、44 毫米（出租汽车发票）四种，发票长度根据需要确定。

印有单位名称的发票均是通用机打发票，分两种情况：一是由用票单位软件程序控制打印单位名称（或标识），平推式发票打印在发票票头左侧，卷式发票打印在发票票头下方；二是在平推式发票票头左侧加印单位名称（或标识），卷式发票票头下方加印单位名称（或标识）。

（2）通用手工发票。通用手工发票分为千元版和百元版两种，规格为 190 毫米×105 毫米。通用手工发票基本联次为三联，即存根联、发票联、记账联。

（3）通用定额发票。通用定额发票按人民币等值以元为单位，划分为壹元、贰元、伍元、拾元、贰拾元、伍拾元、壹佰元，共七种面额，规格为 175 毫米×70 毫米。有奖发票规格为 213 毫米×77 毫米。通用定额发票联次为并列二联，即存根联和发票联；有奖发票为并列三联，即存根联、发票联、兑奖联。因通用定额发票的用纸和底纹由省级税务机关确定，故各省可能不一致。

1. 受理票据

出纳人员在票据受理环节应当注意以下两点：① 要求业务经办人一次提供齐与业务相关的所有原始凭证；② 关注发票的粘贴是否符合原始凭证的归类整理的要求。

2. 票面验看

普通发票（如图 3-4 ~ 图 3-6 所示）的票面验看应根据上述普通发票基本知识，验看发票的票幅并逐项核对发票的相关内容；对于采用凭证粘贴单粘贴的发票，应当复核其金额合计是否正确。

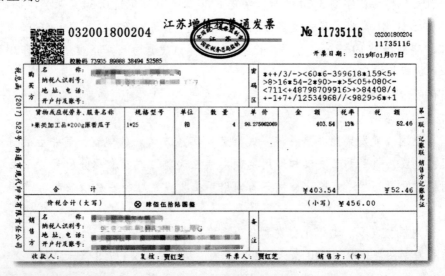

图 3-4 增值税普通发票

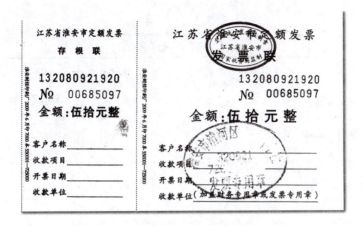

图3-5 普通定额发票

图3-6 有奖定额发票

3．内容核对

（1）项目填开齐全，发票种类与实际交易相符。增值税普通发票开具的只能是增值税应税项目和应税劳务。

（2）字迹清楚，不得压线、错格。

（3）发票联应当加盖财务专用章或者发票专用章。

（4）一般情况，普通发票的开具时间应当与业务发生时间一致。

（5）结合其他相关原始凭证，复核业务的真实性、合理性及款项支付的合规性。

4．电话（网络）查询

普通发票背面一般印有发票防伪措施，以及识别和查询方式；对实施以上复核程序后的普通发票，如有难以排除的疑点，可以电话（网络）查询，以排除疑点。

四、收据审核

广义的收据（如图3-7所示）是收款人向付款人开具的收款凭证，但是能够作为会计核算的原始凭证且能在企业所得税税前扣除的原始凭证一般特指行政事业性收费票据。

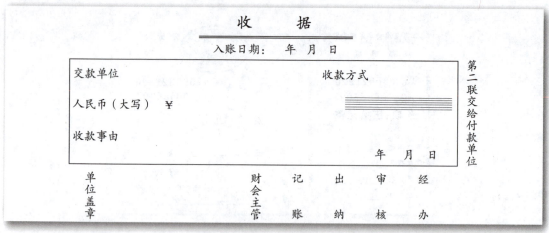

图3-7 收据式样

1. 收据的概念

收据是指国家机关、事业单位、社会团体、具有行政管理职能的企业主管部门和政府委托的其他机构，为履行或代行政府职能，依据法律、法规和具有法律效力的规范性文件的规定，在收取行政事业性收费和征收政府性基金时，向被收取单位或个人开具的收款凭证。

行政事业性收据和政府性基金票据，分为通用票据和专用票据两类。通用票据是指满足一般收费特点，具有通用性质的票据，适用于普通行政事业性收费。专用票据是指为适应特殊需要，具有特定式样的专用性票据，适用于特定的行政事业性收费和政府性基金。专用票据分为定额专用票据和非定额专用票据两种。

2. 收据审核内容

（1）票面复核：行政事业性收据的收据联印有省级以上财政部门票据监（印）制章，部分省市的行政事业性收费已采用"非税收入收款凭证"开具。

（2）内容核对：对收据填开的收费项目应与实际发生的经济业务相核对，判断经济业务的真实性、合理性；核对收费依据、收费标准，判断收费金额的准确性。

（3）定额专用票据只用于特定收费项目或政府性基金缴纳。

（4）专用票据的收费项目、收费标准一般直接印制在收据中。

（5）注意收费票据与行政事业性结算凭证的区别，行政事业性结算凭证不能用于行政事业性收费。

五、自制原始凭证审核

（一）自制原始凭证的种类

按照自制原始凭证反映的经济业务内容，可将自制原始凭证分为反映资金收付的原始凭证、反映资产变动的原始凭证和反映成本、费用、收入计算的原始凭证三类。

（1）反映资金收付的原始凭证主要有：收款收据、借款凭据、工资发放表、零星工薪支付凭证、零星费用支付凭证等。

(2)反映资产变动的原始凭证主要有：领料凭证、入库凭证、资产转移凭证、资产报废审批凭证、发货凭证等。

(3)反映成本、费用、收入计算的原始凭证主要有：生产成本计算表、辅助生产成本分配表、制造费用分配表、累计折旧计算分配表、投资收益计算表等。

自制原始凭证由各会计核算单位根据单位经济业务的特点及管理需要，自行设计制作，其名称、内容及凭证规格可能不一致。自制原始凭证应当具备会计核算原始凭证的本质特征，即必须能反映经济业务的发生或完成情况且是书面凭证。

出纳业务涉及的自制原始凭证主要是反映资金收付的原始凭证。

(二)自制原始凭证的审核内容

1. 凭证名称

自制原始凭证一般应有明确的凭证名称，原始凭证的名称应能扼要地反映该凭证所涉及的经济业务内容。例如，用于资金结算的"收款收据"，反映借款业务的"借款借据"，反映工资支付的"工资发放表"等。

2. 凭证内容

凭证填制的日期、经济业务内容、金额应完整准确；自制原始凭证必须有经办部门领导人或其指定人员的签名或者盖章。

3. 编号

有些自制原始凭证是连续编号的，如收款收据、领料单、入库单等，对于连续编号的有关原始凭证，使用后，其存根联一般都保存在填制单位，这些存根的编号应和特定范围内入账的原始凭证号码对应；同时，对于接受单位或个人所接受的用存根联套写的有关联次，由于接受单位接受时间不同，其编号一般不应当连续。

六、特殊原始凭证审核

(一)军队收据

可以作为地方会计核算单位会计核算原始凭证且可以在企业所得税税前列支的军队收据一般仅限于财政部、总后勤部共同监制的票据，另外还有部分单位开具的租金收据。其他涉及的税收项目必须使用国税、地税发票。

(二)特殊收据

部分省、市有特殊的收据，主要是对一些费用项目进行分割，以及一些特殊管理项目。例如，两方发生国外费用，但票据只能一方保留，另一方可以通过资金分割收据入账。

(三)增值税电子普通发票

增值税电子普通发票（简称电子发票）是指通过增值税发票系统升级版开具、上传，通过电子发票服务平台查询、下载的电子增值税普通发票。它是在原有纸质发票加密防伪措施上，使用数字证书进行电子签章后供购买方下载使用的增值税普通发票，如图3-8所示。

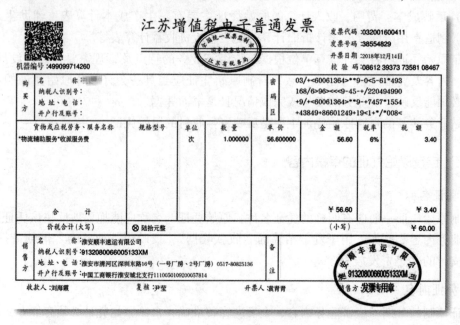

图3-8　增值税电子普通发票

增值税电子普通发票的开票方和受票方需要纸质发票的，可以自行打印增值税电子普通发票的版式文件，其法律效力、基本用途和基本使用规定等与税务机关监制的增值税普通发票相同。消费者可用于维权或报销；受票企业可作为正式的会计凭证入账。

自2015年8月1日起，在北京、上海、浙江和深圳开展增值税电子发票试运行工作；非试点地区，2016年1月1日起使用增值税电子发票系统开具增值税电子普通发票。

练 习 题

一、单项选择题

1. 会计凭证按其（　　）不同，可以分为原始凭证和记账凭证。
   A. 填制的方式　　　　　　　　B. 反映的经济业务内容
   C. 填制的程序和用途　　　　　D. 格式
2. 下列项目中，不能作为原始凭证的有（　　）。
   A. 入库单　　　　　　　　　　B. 差旅费报销单
   C. 车票　　　　　　　　　　　D. 经济合同
3. 可以作为会计核算的原始凭证且可以在企业所得税税前列支的军队收据是（　　）。
   A. 军级以上单位开出的收据　　B. 总后勤部开出的收据

C. 团级以上单位开出的收据　　D. 须为财政部、总后勤部共同监制的票据

二、多项选择题

1. 原始凭证的内容须具备（　　）。
   A. 名称　　　　B. 填制日期　　　C. 接受单位名称
   D. 经济业务数量、单价、金额　　E. 经办人签名或盖章
2. 原始凭证审核程序包括（　　）。
   A. 受理票据　　B. 票面验看　　　C. 内容核对
   D. 查询　　　　E. 差错处理
3. 普通发票目前可分为（　　）。
   A. 通用机打发票　　　　　　　　B. 通用手工发票
   C. 印有单位名称发票　　　　　　D. 增值税电子普通发票

三、技能训练题

1. 2019年3月23日，采购员王亮赴南京采购材料，填写借款单一份（见表3-1），并经主管领导批准。

表 3-1　借　款　单

2019年3月23日

部　门	业务部	借款事由：参加订货会
借款金额（人民币大写）贰仟元		￥：2,000.00
批准金额（人民币大写）贰仟元		￥：2,000.00
领导	刘亚	财务主管	王正林	借款人：

请审核以上原始凭证中存在的问题。

2. 2019年4月8日，加工车间张三领用圆钢4,000千克，计划单价10元，领用角钢3,000千克，计划单价5元，生产A产品。所填制的领料单见表3-2。

表 3-2　领　料　单

领料单位：基本生产车间　　　　　　　　　　　　　　　　　　　　　　编号：18
用　途：　　　　　　　2019年4月8日　　　　　　　　　　　　　　　仓库：1库

材料类别	材料编号	材料名称及规格	计量单位	数量		单价	金额	
				请领	实领			第二联记账联
主要材料		圆钢	千克	4,000	4,000	10.00	4,000.00	
		角钢	千克	3,000	3,000	5.00	15,000.00	
合　计							19,000.00	

记账：　　　　　　发料：王立强　　　　　领料部门负责人：　　　　　领料：

请审核以上原始凭证中存在的问题。

项目四

会计凭证的填制、粘贴与折叠

学习目标

知识目标

※ 掌握原始凭证的填制要求。

※ 掌握记账凭证填制要领。

※ 了解出纳常用的会计符号。

※ 掌握各种原始凭证的粘贴、折叠的规范要求、技巧、方法。

能力目标

※ 能按照原始凭证的填制要求正确填制各种原始凭证。

※ 能正确编制专用记账凭证或通用记账凭证。

※ 会正确运用常用会计符号。

※ 会按规范要求粘贴、折叠各种规格的原始凭证。

任务一 会计凭证的填制

会计凭证的填制包括原始凭证的填制与记账凭证的填制。

一、原始凭证的填制

填制原始凭证,应掌握原始凭证填制的规范及要领。

(一) 书写格式要规范

原始凭证要用蓝色或黑色笔书写,字迹清楚、规范;填写支票必须使用碳素笔;属于需要套写的凭证,必须一次套写清楚;合计的小写金额前应加注币值符号,如"¥""HK $""US $"等。大写金额有分的,后面不加整字,其余一律在末尾加"整"字,大写金额前还应加注币值单位,注明"人民币""港币""美元"等字样,且币值单位与金额数字之间,以及各金额数字之间不得留有空隙。同时,阿拉伯数字及汉字大写数字书写要规范,具体要求见项目二任务一。各种凭证不得随意涂改、刮擦、挖补,若填写错误,应采用规定方法予以更正。

(二) 原始凭证的填制要有连续性

各种原始凭证应该连续编号的,必须连续编号,以便查考。例如,一式几联的发票、收款收据都应连续编号,按照编号顺序使用。作废时应加盖"作废"戳记,连同存根联一起保存,不得撕毁。

(三) 红字发票的使用

按规定,企业发生销售退回等可填制红字发票,冲销原有记录,但是在发生退款时,除红字发票外,还必须取得对方的收款收据或汇款银行出具的汇款凭证,不得以红字发票代替退款的原始凭证。

(四) 原始凭证的填制样式

原始凭证的填制样式如图4-1、图4-2、图4-3所示。

中国工商银行转账支票　　No. 33889890

出票日期（大写）贰零壹玖年零贰月零伍日　　付款行名称：工商银行建设路支行

收款人：南方钢铁股份有限公司　　出票人账号：10-32000004129

本支票付款期限十天	人民币 贰拾陆万伍仟伍佰元整（大写）	百	十	万	千	百	十	元	角	分
		￥	2	6	5	5	0	0	0	0

用途　购货款

上列款项请从我账户内支付

出票人签章（公章）　　　复核　　　记账

图 4-1　银行转账支票

差旅费报销单

部门：销售科　　2019年5月15日

姓名	王毅			出差事由		部门开会	出差自2019年5月3日 至2019年5月8日				共6天	
起讫时间及地点				车船票		夜间乘车补助费		出差乘补费		住宿费	其他	
月	日	起	月	日	讫	类别	金额	时间	标准	金额	日数	标准	金额	金额	摘要	金额
5	3	A市	5	3	北京	飞机	380									
5	8	北京	5	8	A市	飞机	380				6	15	90	1,000		
小计							760						90	1,000		

合计金额（大写）：壹仟捌佰伍拾元整

备注：预借2,000.00　　核销1,850.00　　退补150.00　　附单据　3　张

单位领导：许光潜　　财务主管：李玲　　审核：王仁林　　填报人：王毅

图 4-2　差旅费报销单

借　款　单

部　门	办公室	借款事由		出　差	
借款金额	金额（大写）叁仟陆佰元整		￥3,600.00	现金付讫	
批准金额	金额（大写）叁仟元整		￥3,000.00		
领导	周强	财务主管	孙楠	借款人	高强

2019年4月3日

图 4-3　借款单

二、记账凭证的填制

填制记账凭证，应掌握记账凭证填制的规范及要领。

1. 日期

一般应为编制记账凭证当天的日期。对于出纳业务而言，收款凭证和付款凭证按规定应在经济业务发生的当天及时编制，这样才能做到日清，因此凭证日期也就是编制凭证当天的日期。

2. 摘要栏

应简单明了地填写经济业务的内容，文字说明要简练概括。要突出说明经济事项的内容，对方单位的名称，货物的名称、数量以及经办人员等，如"从甲公司购入甲商品1,000件"等，根据经济内容的特点，填好摘要栏对于查阅凭证、登记账簿都是十分必要的，也是做好记账工作的一个重要方面。

3. 会计科目

会计科目的使用必须正确，应借、应贷账户的对应关系必须清晰。

编制复合分录时，不能多借、多贷，只能一借多贷或一贷多借，防止账户对应关系不清。对于出纳人员来说，只涉及收款凭证和付款凭证，不涉及转账凭证。对于收款凭证，其借方科目自然为"库存现金"或"银行存款"，其贷方科目则应根据经济业务的内容和本行业会计制度的规定具体确定。对于付款凭证，其贷方科目自然为"库存现金"或"银行存款"，其借方科目应根据经济业务的内容和行业会计制度的规定而具体确定。

4. 金额

金额的登记方向、大小写数字必须正确、符合数字书写的规定，角、分位不留空白，多余的金额栏应画斜线注销。

5. 编号

各种记账凭证必须连续编号，以便查核。采用通用凭证的，可按经济业务发生的先后顺序编号，每月从第1号编起。如果一项经济业务需要填制多张记账凭证，可采用分数编号法。例如，一笔经济业务需要填三张转账凭证，凭证的顺序号为16，则可编制转字第16 1/3号、第16 2/3号、第16 3/3号。采用多种记账凭证的可分类编号。例如，收字第1号，付字第1号，转字第1号等。每月末最后一张记账凭证的编号旁边要加注"全"字以免凭证散失。无论哪一类编号，都必须做到按月分类顺序排列，即每月从第1号编起，顺序编制到月末，不允许漏号、重号和错号。为保证记账凭证编号不重不漏，可以使用"凭证销号单"，预先编好凭证号码，每编一张凭证就在销号单上划去一个号，月终将销号单与有关凭证一并装订。凭证销号单一般为100号，其基本格式见表4-1。如一个月使用的销号单在两张以上，也应编定顺序号。

表 4-1　凭证销号单

年　　月　　　　　　　　　　　　　　　　　　　　　　　字第　　号

号数	张数	号数	张数	号数	张数	号数	张数	号数	张数	号数	张数	号数	张数	号数	张数	号数	张数	号数	张数
1		11		21		31		41		51		61		71		81		91	
2		12		22		32		42		52		62		72		82		92	
3		13		23		33		43		53		63		73		83		93	
4		14		24		34		44		54		64		74		84		94	
5		15		25		35		45		55		65		75		85		95	
6		16		26		36		46		56		66		76		86		96	
7		17		27		37		47		57		67		77		87		97	
8		18		28		38		48		58		68		78		88		98	
9		19		29		39		49		59		69		79		89		99	
10		20		30		40		50		60		70		80		90		100	

6. 附件张数

每张记账凭证都必须注明所附原始凭证的张数，以便日后查阅原始凭证。记账凭证必须以能证明其所记录的经济业务的原始凭证作为附件。凡是能证明经济业务内容的各种原始凭证，不论张数多少，都应按规定贴在该记账凭证后面。

知识链接

原始凭证的张数应怎样计算

原始凭证的张数一般以其自然张数为准计算，即凡是与记账凭证中的经济业务记录有关的每一张凭证都算一张，如果原始凭证是附在原始凭证汇总表后面的，还应该把原始凭证汇总表的张数一并计算在内。有些零散的原始凭证，如火车票、飞机票、船票、市内车票等，用"原始凭证粘贴单"粘贴在一起，也可以直接将其粘贴在报销单上或者一张纸上作为一张原始凭证计算。例如，职工张某出差归来填报的差旅费报销单上附有车票、公共汽车票、住宿发票等原始凭证25张，25张原始凭证在差旅费报销单上的"所附原始凭证张数"栏内已做了登记，那么在计算记账凭证所附原始凭证张数时，这一张差旅费报销单连同其所附的25张原始凭证一起只能算一张。

如果一张原始凭证涉及几张记账凭证，可把原始凭证附在一张主要的记账凭证后面，在其他记账凭证上注明附有原始凭证的记账凭证的编号，如"单据××张，附在第×号记账凭证上"。如果一张原始凭证所列支出需要几个单位共同负担，应将其他单位负担的部分，开给对方原始凭证分割单，进行结算。

记账凭证的构成要素如图4-5所示。

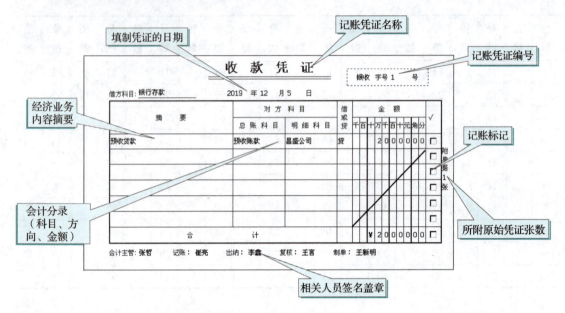

图4-4 记账凭证的构成要素

记账凭证填制式样如图4-5~图4-8所示。

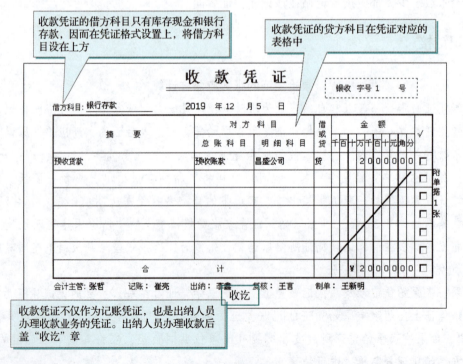

图4-5 收款凭证

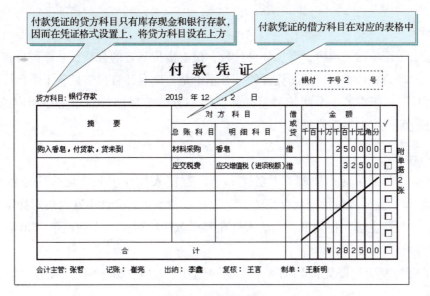

图 4-6 付款凭证

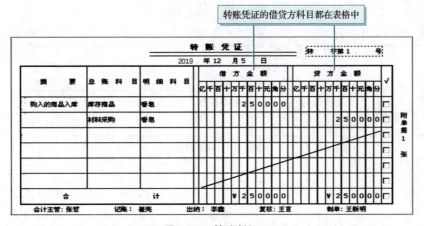

图 4-7 转账凭证

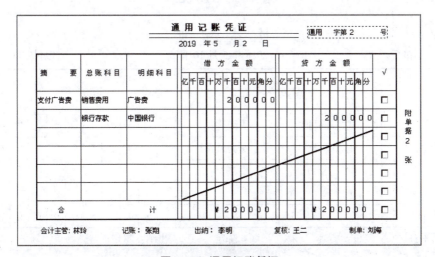

图 4-8 通用记账凭证

7. 合计

一张记账凭证填写完毕后，要加计合计数，检查借贷双方的金额及总账科目和二级科目或明细科目的金额是否平衡。记账凭证的一方不论是一个会计科目还是若干个会计科目，又或是一个会计科目下有若干个明细科目，都应将一方的金额加计后填写在相应的"合计"栏内。合计金额前应加注币值符号。

8. 签名盖章

记账凭证填制完后应由填制人员签名盖章。制单人员在填制完记账凭证后在凭证下"制单"栏签章，复核人员稽核后在凭证下"复核"栏签章，会计主管人员对凭证进行复核后在凭证下"会计主管"栏签章，出纳人员在办理款项收付后，在凭证下"出纳"栏签章等，以便明确各自的责任。

填制完成的专用记账凭证如图4-9、图4-10、图4-11所示，通用记账凭证如图4-12所示。

收 款 凭 证

借方科目：银行存款　　　　　2019年5月12日　　　　　　银收字2号

摘　要	贷方科目		金　额									记账	附件2张
	总账科目	明细科目	千	百	十	万	千	百	十	元	角	分		
销售产品100千克	主营业务收入				1	2	0	0	0	0	0	0	√	
	应交税费	应交增值税(销项税额)				1	5	6	0	0	0	0	√	
合　计				¥	1	3	5	6	0	0	0	0		

会计主管：张丽　　记账：王煌　　复核：李欣　　出纳：赵娜　　制单：刘峰

图4-9　收款凭证

付 款 凭 证

贷方科目：银行存款　　　　　2019年5月10日　　　　　　银付字3号

摘　要	贷方科目		金　额									记账	附件1张
	总账科目	明细科目	千	百	十	万	千	百	十	元	角	分		
支付货款	应付账款	安利公司				4	2	5	0	0	0	0	√	
合　计				¥	4	2	5	0	0	0	0		

会计主管：季鑫　　复核：杨盛　　记账：陈宇　　出纳：赵华　　制单：刘华

图4-10　付款凭证

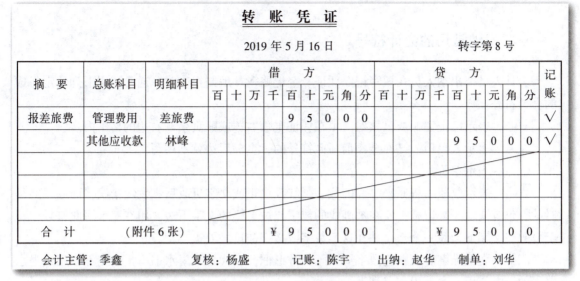

图 4-11 转账凭证

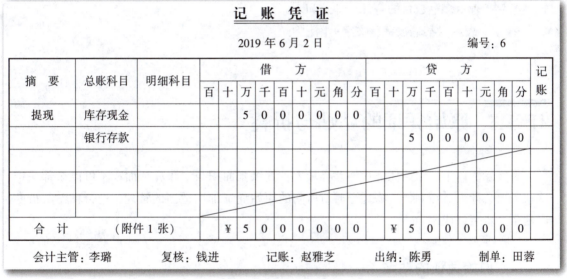

图 4-12 通用记账凭证

 请思考：记账凭证到底应该由谁填制？

有人说：应当由出纳人员填写。另有人说：出纳人员不能填写，应该由会计人员填写。还有人说：出纳和会计都可以填写。

根据《会计法》第三十七条的规定："出纳人员不得兼任稽核、会计档案保管和收入、支出、费用、债权债务账目的登记工作。"从以上规定可以看出，法规并没有禁止出纳填制记账凭证，因此出纳人员可以填制记账凭证，这也符合账务处理程序和业务工作流程，只不过由出纳填制的记账凭证在记账之前，应进行复核，只有经过复核后的凭证才能登记入账。

三、出纳常用的会计符号

会计人员、出纳人员在填写记账凭证、登记账簿、编制报表时，通常使用下列约定俗成的会计符号：

√——表示已记完账或已核对。填在凭证金额右边或账页余额右边的格子内。

¥——表示人民币。已在金额前写此符号的，金额后边就不用写"元"字。

@——表示单价。

△——表示复原。将原来书写的数字画红线更正或文字更改后，发觉错误，即原写的是对的，仍应恢复原来记载，便在被画线的数字或被更改的文字下边，用红墨水写此符号，每个数码或文字下边写一个△，并在这笔数字或文字加符号处盖小章。

□——表示赤字。在一笔数字周围画长方形框，以代替红墨水书写，这在不能用红墨水书写的地方使用，大都用在书刊上。

#——表示编号的号码。

Σ——表示多笔数目的合计，即总和。

※——表示对某笔数字、文字另附说明。

任务二 原始凭证的粘贴与折叠

在实际工作中，原始凭证规格差异较大，其纸张面积与记账凭证面积不可能全部一样，这就需要会计人员在制作记账凭证时对所附的原始凭证加以适当的整理，进行粘贴与折叠，以便下一步装订成册。

一、原始凭证的粘贴

（一）粘贴前的准备工作

粘贴纸又叫"托纸"，它是原始凭证装订后依附的主体，一般要求如下：

（1）要用木质纸。

（2）规格应等于或略小于记账凭证的尺寸，一个年度内的规格必须一致。

（3）纸质适中，要有韧性，不能太厚或太薄。太厚不利于翻阅，又影响美观，太薄则容易破损。平时，可比照记账凭证的规格切制一批粘贴纸备用，也可把废弃的记账凭证用作粘贴纸。

（4）粘贴凭证应选择黏性较强的优质财会专用胶水，不得使用过期或变质的胶水，否则会影响粘贴的牢固度，造成凭证脱落。

（二）粘贴原始凭证的操作实施步骤

原始凭证的粘贴规则如图 4-13 所示。

图 4-13　原始凭证的粘贴规则

具体操作时，只需粘牢原始凭证的左侧部分，不用将背面全部贴实，同时要将褶皱的原始凭证摊开、压平，对破损的原始凭证还要进行修补，并将原始凭证按顺序号或日期稍做编排。

粘贴前，可以先对原始凭证进行分类整理，以粘贴纸规格为标准，可分为一般原始凭证、同规格原始凭证、超大原始凭证三种。

1. 一般原始凭证的粘贴

实际工作中，一般原始凭证数量最多，如汽车票、火车票、出租车票等。此类原始凭证经过初步编排后，按照"从下往上，从右向左"的方式粘贴。

（1）从单据粘贴单的右下角开始，齐线齐边地下贴一张、上贴一张，适度左移后再下贴一张、上贴一张，粘贴的距离根据原始凭证数量的多少来确定，但必须在粘贴纸左侧留出装订的位置。

（2）尺寸太小的原始凭证，如汽车票，可按下、中、上或右、中、左的方式进行复式粘贴，但不得累压粘贴。如果原始凭证数量少，可下贴一张、上贴一张或右贴一张、左贴一张；但原始凭证数量多时，就要均匀排列，否则会贴成"大肚子"。必要的时候，可多次重复使用粘贴纸。有时，粘贴的原始凭证较多会使装订位置变得很单薄，此时应在装订位置粘贴"衬纸"加厚。衬纸的大小和厚薄可根据装订位置的长短和原始凭证的厚度确定，衬纸要一折一退叠成坡状，与装订位置齐线齐边，不能形成"锯齿"。

（3）最后还要在粘贴单的空白处写出每一类原始凭证的张数、单价与总金额。粘贴完成的原始凭证如图 4-14 所示。

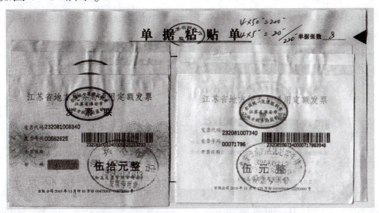

图 4-14　粘贴完成的原始凭证

2. 同规格原始凭证的粘贴

一般情况下，与粘贴纸大小完全相同的原始凭证较少，要么长度相同、要么宽度相同。长度相同，考虑粘贴的宽度；宽度相同，则考虑粘贴的长度。剩下的步骤，可以参照一般原始凭证的粘贴方法。

二、原始凭证的折叠

实际工作中，还会遇到规格比粘贴纸大很多的原始凭证或"附件"，在具体粘贴时首先要进行分类：不影响主要内容的，可将多余部分修剪后再粘贴；不可修剪的，当原始凭证大过粘贴纸及记账凭证时，大多数的做法是先折叠左边的角，再向里面折叠。这样折叠后折叠的角在下面，在查阅时要先拉开折叠的部分，再拉开折叠处左边的角（如图4-15所示）。

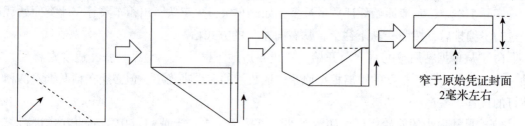

- 以虚线为折痕，沿箭头方向折叠。
- 实线为正面可见的折后叠压部。

图4-15 超大原始凭证折叠方法图（以A4纸为例）

还有一种方法是将折叠的顺序反过来：先向里折叠后，再折叠左边的角，这样折叠后折叠的角在上面，在查阅时，只需将上面的角一拉，即可全部拉开。其次，还要学会用粘贴纸来解决特殊问题。粘贴好的原始凭证与记账凭证一起加封面进行装订，装订后要达到"四边齐、表面平、无凹凸、书本型"的标准。

对于有些原始凭证不仅面积大，而且数量多，可以单独装订，如工资单、领料单等，但在记账凭证上应注明保管地点。

一、单项选择题

1. 出纳人员支付货币资金的依据是（　　）。
   A. 收款凭证　　B. 付款凭证　　C. 汇总付款凭证　　D. 转账凭证
2. 货币之间的收付业务应编制（　　）。

  A. 收款凭证   B. 付款凭证   C. 原始凭证   D. 转账凭证

3. 会计凭证按其（   ），可分为原始凭证和记账凭证。

  A. 取得的不同来源   B. 填制的程序与用途

  C. 适用的经济业务   D. 填制的手续不同

4. 下列不属于原始凭证基本内容的是（   ）。

  A. 填制日期   B. 经济业务内容

  C. 应借、应贷会计科目   D. 有关人员签章

5. 原始凭证不得涂改、刮擦、挖补，对于金额有错误的原始凭证，正确的处理方法是（   ）。

  A. 由开具单位重开

  B. 由开具单位在凭证上更正并由经办人签名

  C. 由开具单位在凭证上更正并由单位负责人签名

  D. 由开具单位在凭证上更正并加盖单位印章

二、多项选择题

1. 专用记账凭证可以分为（   ）。

  A. 收款凭证   B. 付款凭证   C. 借款凭证   D. 转账凭证

2. 发料凭证汇总表是（   ）。

  A. 原始凭证   B. 汇总凭证   C. 一次凭证   D. 自制凭证

  E. 累计凭证

3. 记账凭证包括（   ）。

  A. 转账凭证   B. 科目汇总表   C. 发料凭证汇总表   D. 收款凭证

4. 记账凭证的主要作用在于（   ）。

  A. 记录经济业务   B. 编制会计分录

  C. 作为记账依据   D. 是联系原始凭证和账簿的中间环节

5. 下列经济业务中，应该填制银行收款凭证的是（   ）。

  A. 销售产品一批，货款未收   B. 收到外单位欠款存入银行

  C. 从银行提取现金   D. 销售产品一批，收到转账支票存入银行

  E. 将现金存入银行

三、技能训练题

技能训练题一：转账支票的开具

1. 请根据以下信息，填制一张转账支票：

  （1）收款单位：淮海苏宁电器有限责任公司。

  （2）用途：货款。

  （3）金额：28,529.37 元。

  （4）日期：2019 年 3 月 5 日。

  （5）付款行名称：江苏银行淮安清江支行。

(6) 账号：10510188000014101。
2. 请根据以下信息，填制一张转账支票：
(1) 收款单位：江苏大地股份有限公司。
(2) 用途：货款。
(3) 金额：61,074.05 元。
(4) 日期：2019 年 1 月 18 日。
(5) 开户行：江苏银行淮安清江支行。
(6) 账号：10590188000001044。
3. 请根据以下信息，填制一张转账支票：
(1) 收款单位：江苏博雅科技有限责任公司。
(2) 用途：货款。
(3) 金额：34,680.48 元。
(4) 日期：2019 年 5 月 30 日。
(5) 开户行：中国工商银行南京分行营业部。
(6) 账号：80549556000044581。

技能训练题二：现金支票的开具

1. 请根据以下信息，填制一张现金支票：
(1) 收款单位：南京鼓楼副食品有限责任公司。
(2) 用途：备用金。
(3) 金额：4,800 元。
(4) 日期：2019 年 2 月 25 日。
(5) 开户行：中国农业银行南京分行鼓楼支行。
(6) 账号：32009555778999001。
2. 请根据以下信息，填制一张现金支票：
(1) 收款单位：淮安盛力科技咨询有限责任公司。
(2) 用途：备用金。
(3) 金额：9,500 元。
(4) 日期：2019 年 6 月 10 日。
(5) 开户行：中国工商银行淮安分行城中支行。
(6) 账号：80955200478800066。
3. 请根据以下信息，填制一张现金支票：
(1) 收款单位：江苏开元会计师事务所有限责任公司。
(2) 用途：工资。
(3) 金额：85,000 元。
(4) 日期：2019 年 11 月 9 日。
(5) 开户行：交通银行淮安分行营业部。

(6) 账号：60086600008978001。

技能训练题三：进账单的填写

1. 请根据以下信息，填制一张进账单：
   (1) 付款单位：江苏华尔化工有限责任公司。
   (2) 付款单位账号：32001725136050287312。
   (3) 付款单位开户行：华夏银行清浦支行。
   (4) 金额：67,500 元。
   (5) 日期：2019 年 4 月 7 日。
   (6) 收款单位：江苏汇创商贸有限责任公司。
   (7) 收款单位账号：1110020109300037418。
   (8) 收款单位开户行：中国工商银行淮安分行城中支行。

2. 请根据以下信息，填制一张进账单：
   (1) 付款单位：江苏广播电视信息网络有限责任公司。
   (2) 付款单位账号：10310188000003888。
   (3) 付款单位开户行：中国建设银行清河支行。
   (4) 金额：29,820 元。
   (5) 日期：2019 年 6 月 25 日。
   (6) 收款单位：江苏汇鑫科技有限责任公司。
   (7) 收款单位账号：1110020109300039624。
   (8) 收款单位开户行：中国工商银行淮安分行城中支行。

3. 请根据以下信息，填制一张进账单：
   (1) 付款单位：北京蓝天技术咨询有限责任公司。
   (2) 付款单位账号：1110042645234441。
   (3) 付款单位开户行：浦发银行北京安贞支行。
   (4) 金额：18,000 元。
   (5) 日期：2019 年 5 月 5 日。
   (6) 收款单位：北京永恒动力科技有限责任公司。
   (7) 收款单位账号：6721702221020204862。
   (8) 收款单位开户行：民生银行海淀支行。

技能训练题四：收据的开具

1. 请根据以下信息，开具一份收据：
   (1) 日期：2019 年 3 月 6 日。
   (2) 业务内容：赵刚偿还借款。
   (3) 金额：3,000 元。
   (4) 收款人：张立。

2. 请根据以下信息，开具一份收据：

(1) 日期：2019 年 6 月 10 日。

(2) 业务内容：李然买水杯退款。

(3) 金额：80 元。

(4) 收款人：王远。

3. 请根据以下信息，开具一份收据：

(1) 日期：2019 年 11 月 16 日。

(2) 业务内容：广汇食品公司还尾款。

(3) 金额：95 元。

(4) 收款人：丁一。

技能训练题五：借款单的填写

1. 请根据以下信息，填写一张借款单：

办公室王莉于 2019 年 2 月 20 日外出开会预借出差款 3,000 元。

2. 请根据以下信息，填写一张借款单：

业务部王强于 2019 年 3 月 15 日预借产品运费款 800 元。

3. 请根据以下信息，填写一张借款单：

行政部张海于 2019 年 4 月 12 日预借办公用品采购款 8,500 元。

技能训练题六：现金交款单的填写

请根据以下信息，填写一张现金交款单：

财务部出纳员于 2019 年 6 月 18 日将当天的销售款 85,670 元现金存入银行。其中面额 100 元的 700 张，面额 50 元的 300 张，面额 10 元的 67 张。

项目五

库存现金收付工作

学习目标

知识目标

※ 了解库存现金管理的相关规定。
※ 掌握现金收付的工作流程。
※ 掌握收取现金及现金支付时的清点、核对要点。
※ 掌握现金收付经济业务的会计处理。
※ 掌握现金存取的工作流程、操作方法。

能力目标

※ 能说明库存现金管理规定的相关内容。
※ 能解释单位内部库存现金管理制度。
※ 能独立处理现金收付业务。
※ 能独立操作现金存取业务。

任务一　库存现金管理认知

一、库存现金的含义

库存现金是指存放于企业财会部门，由出纳人员负责保管的货币，包括库存的人民币和各种外币。

库存现金简称现金，是流动性最强的货币资金，它可以随时用于购买所需要的物资、支付有关费用、偿还债务，也可以随时存入银行，是企业唯一能直接转化为其他任何类型资产的资产项目。但现金流动性大，收付频繁，也容易出现差错，还可能被挪用或侵占，所以应加强现金的管理与控制。

二、库存现金管理的相关规定

现金收付业务是各企业、单位经常发生的经济业务。为了保护现金的安全与完整，满足生产经营活动对现金的需要，国务院颁布了《现金管理暂行条例》，明确了现金管理的主要内容，包括以下方面：

（一）现金的使用范围

下列款项可以使用现金：
(1) 职工工资、津贴。
(2) 个人劳务报酬。
(3) 根据国家规定颁发给个人的科学技术、文化艺术、体育等各种奖金。
(4) 各种劳保、福利费用以及国家规定的对个人的其他支出。
(5) 向个人收购农副产品和其他物资的价款。
(6) 出差人员须随身携带的差旅费。
(7) 结算起点以下的零星支出。
(8) 中国人民银行确定需要支付现金的其他支出。
上述款项以外的结算业务，应通过银行办理转账结算。

（二）库存现金限额

为了促进现金流转，保证现金的安全，企业应与其开户银行共同协商确定库存现金的最高限额。这一数额由开户银行根据单位的实际需要核定。根据现行规定，库存现金的限额一般为3~5天的日常零星开支所需库存现金的数额。边远地区和交通不便地区开户单位的库存现金限额，可按多于5天但不超过15天的日常零星开支的需要确定。任何单位必须按规定的限额控制库存现金，每日现金结存额不得超过核定的限额，超过部分应及时送存银行。如需增加或减少库存现金限额，应向开户银行提出申请，由开户银行核定。

（三）坐支

坐支是以本单位的现金收入直接用于现金支出。因为坐支使银行无法准确掌握相关单位的现金收入来源和支出用途，干扰开户银行对相关单位现金收付的管理，干扰国家金融秩序，所以一般情况不允许单位坐支现金，因特殊情况需要坐支现金的，必须报经有关部门批准并在核定的范围和限额内进行。

（四）现金管理"十不准"

（1）不准对现金结算给予比转账结算优惠的待遇。
（2）不准用不符合财会制度的凭证（如用白条等）顶替库存现金。
（3）不准用转账凭证套取现金。
（4）不准编造用途套取现金。
（5）不准单位之间互相借用现金。
（6）不准利用账户替其他单位和个人套取现金。
（7）不准将单位的现金收入按个人储蓄方式存入银行。
（8）不准保留账外公款（即小金库、小钱柜）。
（9）不准发行变相货币。
（10）不准以任何票券代替人民币在市场上流通。

三、单位内部现金管理制度

（一）现金开支审批制度

会计核算单位应根据《现金管理暂行条例》及其实施细则并结合本单位的生产经营管理情况，现金付出业务的繁简，以及现金开支的额度等，建立健全现金开支审批制度。现金开支审批制度一般应包括以下内容：
（1）明确本单位现金开支范围。
（2）报销凭证的规定，报销手续和办法。
（3）现金支出的审批权限。

（二）账款分管制度

建立严格的货币资金管理责任制，明确会计主管、出纳人员和有关会计人员各自应承担的经济责任。货币资金的收付、结算、审核、登记等工作，不得由一人兼管。现金业务办理、付款和记账由不同的会计人员分工负责，以便互相验证、互相控制，达到互相牵制的目的。

（三）日清月结制度

日清月结就是出纳人员办理现金出纳业务，必须做到按日清理，按月结账。日清月结是出纳人员办理现金出纳工作的基本原则和要求，也是避免出现长款、短款的重要措施。按日清理的内容包括：

（1）清理各种现金收付凭证。看看单证是否相符，同时还要检查每张单证是否已经盖齐"收讫""付讫"的戳记。

（2）登记和清理日记账。清理完毕后，结出现金日记账的当日库存现金账面余额。

（3）现金盘点。出纳人员盘点出当日现金的实存数，将盘存得出数和账面余额进行核对。如发现有长款或短款，应进一步查明原因，及时处理。

（4）超库存限额现金送存银行。

（四）库存现金清查制度

库存现金清查制度是指由有关领导和专业人员组成清查小组，定期或不定期地对库存现金情况进行清查盘点。盘点库存现金，应注意以下几点：

（1）全面清点出纳人员保管的和其他人暂时保管的属于公款的库存现金，包括在保险柜、抽屉或其他包装容器以至个人手袋、衣袋内存放的公款人民币、外币，并清查以个人名义将公款存入银行的存折余额；如果为了特定目的的查核或年终盘点，还应对连同现金保管的有价证券、金、银等贵重物品也一并清点。所有现金、有价证券和贵重物品经过清点后，都要分类、分面额登记数量和金额。

（2）以个人或单位名义借款或取款而没有按相关审批手续的字条（即白条和白单），不得充抵库存现金。

（3）代私人存放的现金、有价证券、贵重物品等，如事先未做声明又无充分证明的，应暂时封存。

（4）私设"小金库"的现金，应视作现金溢余，另行登记。

（5）对存放现金处所环境的安全状况进行察看，如发现存在难以保障安全的问题，应及时向领导汇报。

为防止舞弊，现金清查一般采用突击盘点方式，盘点结束后，应由清查人员填制"现金清查盘点报告表"，填列账存、实存以及溢余或短缺金额，并说明原因，上报有关部门或负责人进行处理。

（五）库存现金"长款"和"短款"的处理

现金实存数多于凭证或账上结存数的，叫"长款"，反之叫"短款"。长款、短款大都是由于工作差错造成的。

由于工作差错造成的长款、短款，可以进行退补的，应及时退补。不能退补的，分别按以下情况进行处理：

（1）属于技术性和一般责任事故造成的长款、短款，按主管部门规定的审批手续处理：长款归公，短款报损。

（2）属于对工作不负责任造成的事故，应追究失职人员的经济责任，并视情节和损失程度的大小，赔偿全部或部分损失，有的还要给予行政处分；由于领导不贯彻落实制度造成的事故，应追究领导的责任。

（3）属于有关人员监守自盗，侵吞长款、挪用公款的，应按贪污案件处理。

（4）一时难以查明原因，应由出纳人员填具"出纳长款、短款审批报告表"，经财会主管人员签署意见，单位领导批准，列入"待处理财产损溢"账户，待查明原因后再做处理。

（5）属于被盗窃等原因导致的短款，应保护好现场，及时向领导汇报并向公安部门报案。

（6）属于自然灾害导致的短款，应及时向领导报告并以书面形式报告损失情况。

（7）单位发生长短款时，要在账面进行记录，不得"以长补短"。

（六）现金保管制度

现金保管制度一般应包括以下内容：
(1) 超过库存限额的现金应及时送存银行。
(2) 库存现金应存放在出纳专用的保险柜内。
(3) 单位的库存现金不得以个人名义存入银行。
(4) 库存现金应分类保管，存放有序。

纸币按照票面金额，以每一百张为一把，每十把为一捆扎好。凡是成把、成捆的纸币即为整数，应放在保险柜内保管，随用随取；凡不成把的纸币视为零数，要按照票面金额，每十张为一轧，分别用曲别针别好，放在保险柜内或抽屉内，要存放有序。铸币也要按照币面金额，以每一百枚为一卷，每十卷为一捆，同样将成卷、成捆的铸币放在保险柜内保管，随用随取；不成卷的铸币，应按照不同币面金额，分别存放在卡数器内。

任务二 库存现金的收付及账务处理

一、库存现金收入的工作流程

库存现金收入的工作流程如图5-1所示。

图 5-1 库存现金收入的工作流程图

（一）受理收款凭据

出纳人员受理不是由自己开具的收款凭据时，应要求交款人一次提交齐除存根联以外的所有收款凭据联次；出纳人员受理自己开具收款凭据时，应当按照经济业务的实际情况准确填开，不得改变现金收款凭证的有关内容。

（二）审核收款凭据

对于不是出纳人员开具的收款凭据，应复核各联次套写是否一致，该项业务是否真实、合法，凭证反映的经济内容、商品数量、单价、金额等是否有误，有无刮擦、涂改迹象，有无有关领导的签字等（具体审核方法参见项目三任务二）。

（三）收款

出纳人员审核现金收款原始凭证无误后，即可点收交来的现金，收妥现金后，在现金收款原始凭证（一般是收据联、发票联、提货联、记账联）上加盖"现金收讫"章。

二、库存现金支付的工作流程

（一）物资采购、成本、费用现金报销流程

物资采购、成本、费用现金报销流程如图 5-2 所示。

图 5-2 物资采购、成本、费用现金报销流程图

（二）人工费用现金支付流程

人工费用现金支付流程如图5-3所示。

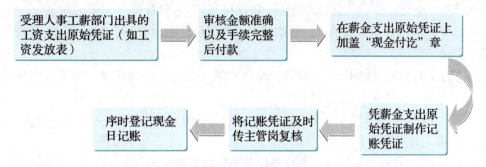

图5-3 人工费用现金支付流程图

（三）往来现金结算流程

往来现金结算流程如图5-4所示。

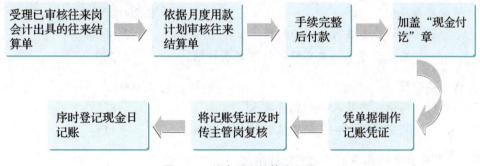

图5-4 往来现金结算流程图

三、库存现金收付账务处理

（一）库存现金收入的分类及其账务处理

1. 库存现金收入的分类

单位在收到现金时，应按照相关会计制度的规定编制现金收款记账凭证，收入的现金按经济业务内容可以分为以下四个方面：

（1）业务收入，如企业的主营业务收入，事业单位的业务收入，机关、团体等的拨款收入等。

（2）非业务收入，如企业单位的投资收益、营业外收入，行政、事业单位的其他收入等。

（3）预收款项，如企、事业单位根据合同约定预收的款项等。

（4）其他现金收款项。

2. 库存现金收入的账务处理

（1）业务收入现金的记账凭证编制。

企业单位收到现金业务收入时，应借记"库存现金"科目，贷记"主营业务收入""其他业务收入""应交税费——应交增值税（销项税额）"等科目。

【例5-1】苏兴公司为增值税一般纳税人，增值税税率为13%，2019年12月份发生以下业务：

1）12月2日对外零售甲产品10件，每件产品不含税价格500元，购买方用现金支付货款，并于当日办理了交款提货手续。

2）12月10日对外销售A材料200千克，单价为10元/千克，购买方用现金支付货款，并于当日办理了交款提货手续。

3）12月15日收到大新公司交来机器设备租赁费1,000元。

根据上述现金收入业务编制记账凭证，做会计分录如下：

1）借：库存现金　　　　　　　　　　　　　　　　5,650
　　　贷：主营业务收入——甲产品　　　　　　　　　　5,000
　　　　　应交税费——应交增值税（销项税额）　　　　　650

2）借：库存现金　　　　　　　　　　　　　　　　2,260
　　　贷：其他业务收入——A材料　　　　　　　　　　2,000
　　　　　应交税费——应交增值税（销项税额）　　　　　260

3）借：库存现金　　　　　　　　　　　　　　　　1,000
　　　贷：其他业务收入——租赁收入　　　　　　　　　　885
　　　　　应交税费——应交增值税（销项税额）　　　　　115

（2）非营业业务收入现金的记账凭证编制。

企业收到的非营业业务收入现金一般借记"库存现金"科目，贷记"投资收益""营业外收入"等科目。

【例5-2】苏兴公司为增值税一般纳税人，增值税税率为13%，2019年5月份发生以下业务：

1）5月3日收到职工张某因违反公司管理规定而缴来的罚款100元。

2）5月12日处置报废汽车一辆，处置价款5,000元，款项已于当日收讫；该汽车账面原值80,000元，已提折旧76,000元。

根据上述现金收入业务编制记账凭证，做会计分录如下：

1）借：库存现金　　　　　　　　　　　　　　　　100
　　　贷：营业外收入　　　　　　　　　　　　　　　　100

2）借：固定资产清理　　　　　　　　　　　　　　4,000
　　　累计折旧　　　　　　　　　　　　　　　　76,000
　　　贷：固定资产——汽车　　　　　　　　　　　　80,000

借：库存现金	5,000
贷：固定资产清理	4,425
应交税费——应交增值税（销项税额）	575
借：固定资产清理	425
贷：资产处置损益	425

（3）预收款项的记账凭证编制。

企业预收款项一般借记"库存现金"科目，贷记"预收账款"科目，不设"预收账款"的单位，也可计入"应收账款"贷方。

【例 5-3】 苏兴公司 2 月 3 日收到吉安公司现金交付的预定甲产品订金 2,000 元；合同约定的提货时间为当年 3 月 15 日。

根据上述现金收入业务编制记账凭证，做会计分录如下：

借：库存现金	2,000
贷：预收账款——吉安公司	2,000

（4）其他现金收入款项的记账凭证编制。

其他现金收入款项，主要是指向有关单位和个人收取的押金、收回的借款，向职工收回的各种代垫款项等。发生其他现金收入款项时，一般借记"库存现金"科目，贷记"其他应收款""其他应付款"科目。

【例 5-4】 苏兴公司 2019 年 6 月份发生以下业务：

1）6 月 5 日收到职工张某还款 1,500 元。

2）6 月 18 日收到吉安公司预支的包装物押金 2,000 元。

3）6 月 20 日收到公司替职工李某代垫的水电费 350 元。

根据上述现金收入业务编制记账凭证，做会计分录如下：

1）借：库存现金	1,500
贷：其他应收款——张某	1,500
2）借：库存现金	2,000
贷：其他应付款——吉安公司	2,000
3）借：库存现金	350
贷：其他应收款——李某	350

（二）现金支出的账务处理

现金付款业务主要有购买商品、接受劳务而支付现金的业务，向其他单位支付现金押金的业务，向本单位职工发放货币薪酬的业务，向单位内部有关部门支付备用金的业务，向本单位职工预借差旅费及其报销的业务，为本单位职工代垫、代付有关款项的业务以及其他向有关单位和个人支付现金款项的业务等。发生现金支出时，一般借记相关资产科目（如原材料、包装物等）、成本费用科目（如管理费用、营业费用等）、往来科目（如其他应收款、其他应付款等），贷记"库存现金"科目。

【例5-5】苏兴公司2020年1月份发生以下业务：

1）1月5日支付职工张某借款500元。

2）1月8日职工杨某报销差旅费800元，杨某出差时没有借款。

3）1月10日公司购买管道阀门10只，单价100元，以现金支付，供货方开具增值税专用发票，阀门已验收入库。

4）1月15日公司向顺通货运公司支付销售产品运费价税合计1,100元，顺通公司开具运输业增值税专用发票一张，税率为9%。

5）1月20日发放本月工资100,000元，其中：生产工人工资50,000元、管理人员工资10,000元、销售人员工资15,000元，车间管理人员工资8,000元，自建仓库设备安装人员工资17,000元。

根据上述现金支出业务编制记账凭证，做会计分录如下：

1）借：其他应收款——张某　　　　　　　　　　　　500
　　　贷：库存现金　　　　　　　　　　　　　　　　　　500

2）借：管理费用——差旅费　　　　　　　　　　　　800
　　　贷：库存现金　　　　　　　　　　　　　　　　　　800

3）借：原材料——阀门　　　　　　　　　　　　　1,000
　　　　应交税费——应交增值税（进项税额）　　　　130
　　　贷：库存现金　　　　　　　　　　　　　　　　　1,130

4）借：销售费用——运输费　　　　　　　　　　　1,000
　　　　应交税费——应交增值税（进项税额）　　　　 90
　　　贷：库存现金　　　　　　　　　　　　　　　　　1,090

5）借：管理费用——工资　　　　　　　　　　　 10,000
　　　　制造费用——工资　　　　　　　　　　　　8,000
　　　　生产成本——人工费用　　　　　　　　　 50,000
　　　　销售费用——工资　　　　　　　　　　　 15,000
　　　　在建工程——人工费用　　　　　　　　　 17,000
　　　贷：库存现金　　　　　　　　　　　　　　　 100,000

四、现金的送存与提取

（一）现金送存的工作流程

现金送存的工作流程如图5-5所示。

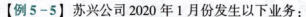

图5-5　现金送存的工作流程图

1. 填写现金交款单

现金整理完后,出纳人员应根据整理后的金额填写现金交款单。现金交款单一般一式两联:第一联为回单,由银行签章后作为交款单位的记账依据;第二联为银行收入传票。出纳人员在填写现金交款单时,要按格式规定准确填写有关内容,包括交款单位名称、银行账号、款项来源、交款日期、交款金额等。

2. 送交银行存款

出纳人员按规定整理现金并填写"现金交款单"后,应将现金连同"现金交款单"一起送交银行柜台收款员。在交款时,交款人必须同银行柜台收款员当面交接清点。经柜台收款员清点无误后,银行按规定在"现金交款单"上加盖印章,并将"回单联"退还给送款人,送款人在接到"回单联"后应当即进行检查,确认无误后方可离开柜台。

3. 凭回单进行账务处理

交款人将现金送存银行并取回"现金交款单"(回单联)后,根据"回单联"(如图5-6所示)填制现金付款记账凭证,并做会计分录为

借:银行存款
　　贷:库存现金

中国工商银行现金交款单(回单)														
年　　月　　日														
交款单位			收款单位	全称										
款项来源				账号			开户银行							
大写金额							千	百	十	万	千	百	十	元	角	分
券别	伍角	贰角	壹角	伍分	贰分	壹分									
张数															
券别	壹佰元	伍拾元	拾元	伍元	贰元	壹元									
张数															

图5-6　现金交款单

(二)现金提取的工作流程

现金提取的工作流程如图5-7所示。

签发现金支票　→　到银行取款　→　凭支票存根进行账务处理

图5-7　现金提取的工作流程图

1. 签发现金支票

从银行提取现金,应先按规定签发现金支票。出纳人员应认真填写支票的有关内容,如签发日期、收款人名称、取款金额、款项用途等,并加盖预留印章。现金支票样式如图 5-8 所示。

图 5-8 现金支票

2. 到银行取款

各单位取款人持出纳人员签发的现金支票到银行取款时,先将现金支票交银行经办人员进行审核,审核无误后,银行经办人员会询问取款单位取款金额,取款人员应准确回答,无误后银行经办人员即照支票付款。

3. 凭支票存根进行账务处理

现金支票提取现金,应根据支票存根编制银行存款付款凭证,记账凭证的会计分录为:

借:库存现金
　　贷:银行存款

练 习 题

一、单项选择题

1. 下列支出可以使用现金的是(　　)。
   A. 向农民收购农副产品　　　　B. 支付购买原材料价款
   C. 支付部分结算尾款　　　　　D. 购买小型设备款
2. 出纳人员可以(　　)。
   A. 登记总分类账　　　　　　　B. 登记现金日记账
   C. 登记应收、应付明细账　　　D. 从事会计档案保管工作
3. 对于超库存限额的现金,正确的处理方法是(　　)。
   A. 由出纳带回家保管
   B. 继续存放在保险柜内,并告之保卫人员严加注意

C. 以出纳人员个人名义存入银行

D. 应及时送存银行

二、多项选择题

1. 下列开支可以使用现金的是（　　）。
   A. 王某出差回来报销差旅费　　　B. 李某的困难补助
   C. 张某的年终一次性奖金　　　　D. 办公室夏某购买的 95 元办公用品款

2. 单位现金管理制度应做到（　　）。
   A. 不得以"白条顶库"
   B. 将单位的现金收入按个人储蓄方式存入银行
   C. 不得保留账外"小金库"
   D. 单位之间不能相互借用现金

3. 现金保管制度包括（　　）。
   A. 超过库存限额的现金应及时送存银行
   B. 库存现金应存放在出纳专用的保险柜内
   C. 单位的库存现金不得以个人名义存入银行
   D. 库存现金应分类保管，存放有序

三、技能训练题

吉昌公司为增值税一般纳税人，增值税税率为13%，2019年6月份发生以下业务：

（1）6月3日零售A产品10件，每件产品价格300元（含税），购买方用现金支付货款，并于当日将货物提清。

（2）6月5日开出现金支票6,000元到银行提款，作备用金用。

（3）6月6日营销部人员李新出差借款2,000元，以现金付讫。

（4）6月10日办公室人员报销办公用品800元，以现金付讫。

（5）6月15日收到本月公司门面房租金3,000元，为现金收讫。

要求：根据以上资料，做出相应的账务处理。

项目六

银行结算与银行存款收付工作

学习目标

知识目标

※ 了解银行账户管理的相关规定。
※ 熟悉银行结算方式。
※ 掌握银行收付款的工作流程。
※ 掌握银行收付业务的会计处理。

能力目标

※ 能说明银行账户管理规定的相关内容。
※ 能独立处理各种银行结算业务。
※ 能独立进行银行收付业务的账务处理。

任务一 银行结算认知

一、银行账户的分类

根据《人民币银行账户结算管理办法》，单位银行结算账户分为基本存款账户、一般存款账户、临时存款账户和专用存款账户。

（一）基本存款账户

基本存款账户是指存款人办理日常转账结算和现金收付的账户。存款人的工资、奖金等现金的支取，只能通过该账户办理。

（二）一般存款账户

一般存款账户是指在基本存款账户以外的银行借款转存或与基本存款账户的存款人不在同一地点的附属不独立核算单位开立的账户，单位可以通过该账户办理转账结算和现金交存，但不能办理现金的支取。

（三）临时存款账户

临时存款账户是指单位因临时业务活动需要而开立的账户，该账户可以办理转账和根据国家现金管理的规定办理现金收付。

（四）专用存款账户

专用存款账户是指单位因特定用途需要而开立的账户。特定用途的资金是指有特定用途、需要专户管理的资金。

企业可以自主选择银行，银行也可以自愿选择存款人。但一个单位只能选择一家银行的一个营业机构开立一个基本存款账户，不得在多家银行机构开立基本存款账户；另外，不得在同一家银行的几个分支机构开立一般存款账户。

二、银行账户的开设

各单位向银行申请开立账户，应按规定办理下列手续：

（1）填写开户申请书。各单位申请开户，首先应填写开户申请书。开户申请书由银行统一印制，开户单位应逐项准确填写相关内容。

(2）提交有关证明材料。

(3）填制并提交印鉴卡片。开户单位在提交开户申请书和有关单位证明的同时，应填写开户银行的印鉴卡片。印鉴卡片上填写的户名必须与单位名称一致，同时要加盖预留印鉴，它是开户单位与银行事先约定的一种具有法律效力的付款依据。

(4）开户银行审查报备后开设账户。

三、银行结算原则与纪律

（一）银行结算原则

(1）恪守信用，履约付款。
(2）谁的钱进谁的账，由谁支配。
(3）银行不垫款。

（二）银行结算纪律

(1）对于款项收付单位，在办理转账过程中，不准出租、出借银行账号，不准签发空头支票和远期支票，不准套取银行信用。

(2）对于银行，在办理结算过程中，必须严格执行银行结算办法的规定，及时处理结算凭证。

(3）对于邮电部门等结算凭证传递机构，应及时传递银行结算凭证，不得延误、积压银行结算凭证。

四、银行结算方式

银行结算是指通过银行账户的资金转移所实现收付的行为，即银行接受客户委托代收代付，从付款单位存款账户划出款项，转入收款单位存款账户，以此完成经济实体之间债权债务的清算或资金的调拨。银行结算是商品交换的媒介，是社会经济活动中清算资金的中介。

国内银行结算的方式主要有支票、银行本票、银行汇票、商业汇票、委托收款、汇兑、托收承付、信用卡、信用证、网上银行等。

（一）支票

支票是存款人签发的，委托其开户银行在见票时无条件支付一定金额给收款人或持票人的票据。

1. 支票的适用范围

单位和个人在同一票据交换地区的款项结算均可以使用支票。支票的出票人，为在经中国人民银行当地分行批准办理业务的银行机构开立可以使用支票的存款账户的单位和个人。

2. 支票的种类

支票分为现金支票、转账支票和普通支票。现金支票可用于从银行提取现金。转账支票一般可在同城或同一票据交换地区的商品交易和劳务供应以及其他款项的结算中使用，只能通过银行划拨转账，不能支取现金。未印有"现金"或"转账"字样的为普通支票，普通支票可用于支取现金也可用于转账。

3. 支票的特点

（1）无金额起点的限制。
（2）可支取现金或用于转账。
（3）有效期10天，从签发之日起计算，到期日为节假日时顺延。
（4）转账支票可以背书转让。
（5）可以挂失。

4. 支票结算程序

支票结算程序如图6-1所示。

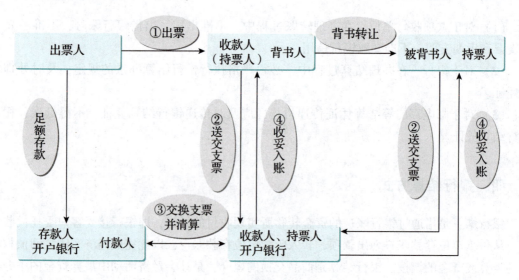

图6-1 支票结算程序图

（二）银行本票

银行本票是银行签发的，承诺自己在见票时无条件支付确定的金额给收款人或者持票人的票据。

1. 银行本票的适用范围

单位和个人在同一票据交换区域需要支付各种款项时，均可以使用银行本票。

2. 银行本票的种类

银行本票分为不定额银行本票和定额银行本票。定额银行本票面额为1,000元、5,000元、10,000元和50,000元。

3. 银行本票的特点

（1）无金额起点限制。

（2）一律记名，允许背书转让。

（3）结算快捷，见票即付。

（4）银行本票的付款期为2个月，逾期的银行本票，兑付银行不予受理。

4. 银行本票结算程序

银行本票结算程序如图6-2所示。

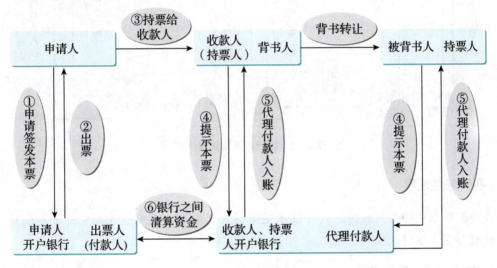

图6-2 银行本票结算程序图

（三）银行汇票

银行汇票是申请人将款项交存当地银行，由其在见票时按照实际结算金额无条件支付给收款人或者持票人的票据。

1. 银行汇票的适用范围

银行汇票的适用范围广泛，单位、个体经营户和个人向异地、同城支付各种款项时都可以使用。

2. 银行汇票的特点

（1）一律记名。

（2）必须由银行签发和解付。

（3）转账银行汇票允许背书转让。

(4) 多余款可由银行代为退回。

(5) 提示付款期限自出票之日起一个月。

(6) 持票人超过付款期限提示付款的银行汇票，代理付款人不予受理。

3. 银行汇票结算程序

银行汇票结算程序如图 6-3 所示。

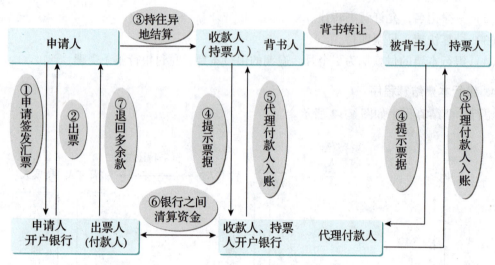

图 6-3　银行汇票结算程序图

（四）商业汇票

商业汇票是由收款人或付款人（或承兑申请人）签发，由承兑人承兑并于到期日向收款人或被背书人支付款项的票据。

1. 商业汇票的适用范围

商业汇票适用于具有真实交易关系或债权债务关系，在银行开立存款账户的法人以及其他经济组织之间的结算。但非商品交易的劳务供应不能采用。

2. 商业汇票的种类

按照承兑单位的不同，商业汇票可分为商业承兑汇票和银行承兑汇票两种。商业承兑汇票是由收款人（销货单位）签发，经付款人（购货单位）承兑，或由付款人签发并承兑的票据。商业承兑汇票是由银行以外的付款人承兑的。银行承兑汇票是由银行承兑，由在承兑银行开立存款账户的存款人签发的商业汇票。

3. 商业汇票的特点

(1) 一律记名，可以背书转让。

(2) 同城和异地均可采用。

(3) 可以由付款人签发并承兑，也可由收款人签发并承兑。

(4) 承兑期限可由交易双方商定，但最长不超过 6 个月，如果属于分期付款，应该一次签发若干张不同期限的汇票。

（5）经承兑后，承兑人对承兑的汇票负有到期无条件支付票款的责任。

4. 商业承兑汇票、银行承兑汇票的结算程序

商业承兑汇票、银行承兑汇票结算程序分别如图6-4、图6-5所示。

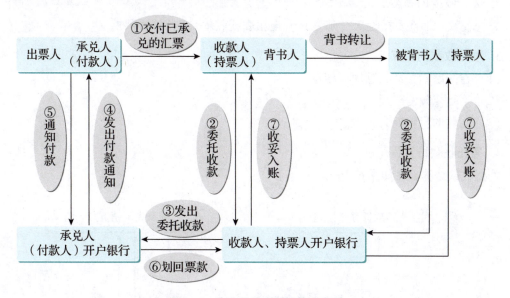

图6-4 商业承兑汇票结算程序图

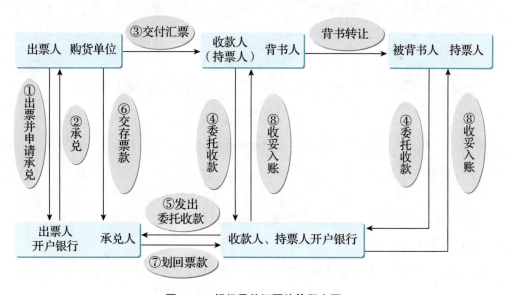

图6-5 银行承兑汇票结算程序图

（五）委托收款

委托收款是指收款人委托银行向付款人收取款项的一种结算方式。

1. 委托收款的适用范围

委托收款适用于在银行或其他金融机构开立账户的单位间的商品交易、劳务供应和其他应收款项的结算。

2. 委托收款的种类

委托收款分邮寄委托收款（邮划）和电报委托收款（电划）两种。

3. 委托收款的特点

（1）在同城、异地结算均可使用。

（2）不受金额的限制。

（3）结算的付款期为 3 天。

4. 委托收款结算程序

委托收款结算程序如图 6-6 所示。

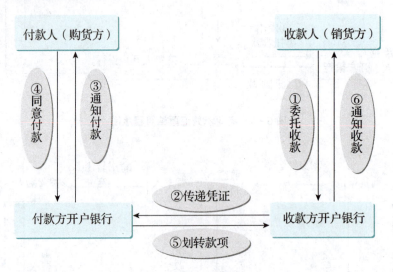

图 6-6　委托收款结算程序图

（六）汇兑

汇兑是付款人委托银行将款项汇给外地收款人的结算方式。

1. 汇兑的适用范围

汇兑适用于单位和个人的各种款项的结算，一般可用于先款后货的交易。

2. 汇兑的种类

汇兑分为电汇和信汇两种。电汇是指汇款人委托银行通过电报方式将款项划转给收款人。信汇是指汇款人委托银行通过邮寄方式将款项划转给收款人。

3. 汇兑的特点

汇兑主要适用于异地之间的各种款项结算。

4. 汇兑结算程序

汇兑结算程序如图 6-7 所示。

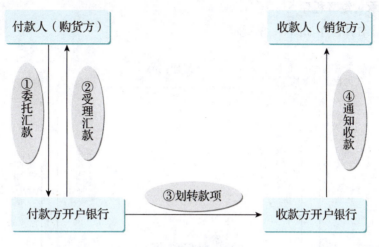

图 6-7　汇兑结算程序图

（七）托收承付

托收承付是根据购销合同由收款人发货后委托银行向异地付款人收取款项，由付款人向银行承诺付款的结算方式。

1. 托收承付的适用范围

托收承付主要适用于异地货款的结算。

2. 托收承付的种类

托收承付分为验单付款与验货付款两种，这在双方签订合同时约定。

验单付款是指购货企业根据经济合同对银行转来的托收结算凭证、发票账单、托运单及代垫运杂费等单据进行审查无误后，即可承认付款。验单付款的承付期为 3 天，从付款人开户银行发出承付通知的次日算起（承付期内遇法定节假日顺延）。

验货付款是购货企业待货物运达，对其进行检验与合同完全相符后才承认付款。验货付款的承付期为 10 天，从运输部门向购货企业发出提货通知的次日算起。

3. 托收承付的特点

（1）确定起点金额：每笔起点金额为人民币 10,000 元，新华书店系统的每笔起点金额为 1,000 元。

（2）收付款人间必须签订符合《中华人民共和国合同法》的购销合同。

（3）代销、寄销、赊销商品的款项，不得办理托收承付结算。

（4）有邮寄和电汇两种收款方式供收款人选择。

（5）验单付款和验货付款两种付款方式的承付期有所不同。

(6) 付款人在限定的条件下有全部拒绝付款或部分拒绝付款的权力。

(7) 收款人遭无理拒绝付款时有重办托收的权力。

4. 托收承付结算程序

托收承付结算程序如图 6-8 所示。

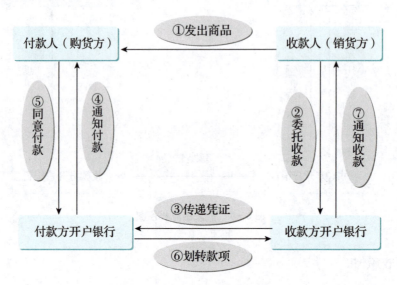

图 6-8 托收承付结算程序图

(八) 信用卡

信用卡是指商业银行向个人和单位发行的,凭以向特约单位购物、消费和向银行存取现金,且具有消费信用的特制载体卡片。

1. 信用卡的种类

信用卡按使用对象分为单位卡和个人卡;按信誉等级分为金卡和普通卡。

2. 信用卡的特点

(1) 单位卡账户的资金一律从其基本存款账户转账存入,不得交存现金,不得将销货收入的款项存入其账户。

(2) 单位卡一律不得用于 10 万元以上的商品交易、劳务供应款项的结算。

(3) 单位卡不得支取现金。

(4) 购物时刷卡不仅安全、卫生、方便,还有积分礼品赠送。

(5) 用于在特约商户购物,且享受优惠。

3. 信用卡结算程序

信用卡结算程序如图 6-9 所示。

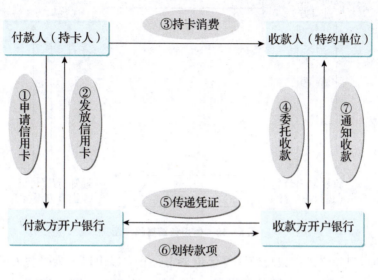

图 6-9 信用卡结算程序图

（九）信用证

信用证是银行有条件地承诺付款的一种保证，即某一银行（开证行）应买方（开证申请人）的要求或按买方的指示开给卖方（受益人）的一种保证在规定的期限内以规定的单据为依据，即期或在以后某一规定的日期支付一定金额的书面文件。

1. 信用证的作用

信用证起源于国际贸易结算。在国际贸易中，为避免交易风险，进口商不愿先将货款付给出口商，出口商也不愿先将货物或单据交给进口商，同时双方都不愿长期占压自己的资金，在此种情况下，银行充当了进出口商之间的中间人和保证人，一面收款，一面交单，并代为融通资金，由此产生了信用证结算方式。

2. 信用证的种类

（1）跟单信用证与光票信用证。

（2）可撤销信用证与不可撤销信用证。

（3）保兑信用证与不可保兑信用证。

（4）即期付款信用证、议付信用证、承兑信用证、延期付款信用证与假远期信用证等。

3. 信用证结算程序

信用证结算程序如图 6-10 所示。

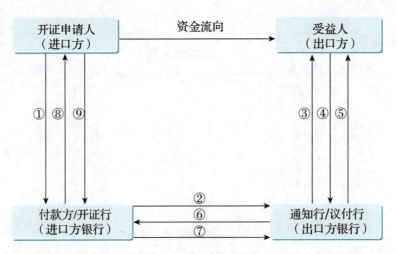

图 6-10 信用证结算程序图

① 进口方向其所在地的银行填写开证申请书，开立以出口方为受益人的信用证，并按信用证金额的一定比例交付押金或提供保证人，交纳开证费，请开证行开证。

② 进口方银行开立信用证，并通知出口方银行（通知行）。

③ 通知行收到信用证，核对印鉴无误后，将信用证通知或转递给出口方。

④ 出口方收到信用证审核其所列条款与贸易合同相符后，立即装运商品，并备齐全套单据，签发汇票，连同信用证在有效期内送交当地议付行办理议付。

⑤ 议付行接受出口方交来的信用证、汇票和各项单据，将信用证条款与单据核对相符后，根据汇票金额，扣除利息和手续费。

⑥ 议付行将汇票和全部单据与信用证核对相符后，将汇票和全部单据转交开证行。

⑦ 开证行收到议付行交来的单据后，经与信用证条款核对无误后，向议付行偿付票款。

⑧ 开证行通知进口方付款赎单。

⑨ 进口方付款赎单，凭货运单据提货。如发现所提商品的数量、规格等与贸易合同规定不符，不能向开证行提出赔偿要求，只能向责任人即出口方、运输公司或保险公司索赔。

（十）网上银行

网上银行又称网络银行、在线银行，是从互联网时代开始出现的银行服务的新渠道，是指银行利用互联网技术，通过互联网向客户提供开户、销户、查询、对账、行内转账、跨行转账、信贷、网上证券、投资理财等传统服务项目，使客户可以足不出户就能够安全、便捷地管理活期和定期存款、支票、信用卡及个人投资等。可以说，网上银行是在互联网上的虚拟银行柜台。网上银行可以减少固定网点数量、降低经营成本，而客户也可以不受空间、时间的限制，无论在家里，还是在旅游中都可以与银行相连，享受每周 7 天、每天 24 小时的不间断服务。网上银行的客户端由计算机、浏览器组成，便于维护。

下面介绍中国工商银行网上银行：

（1）登录中国工商银行网站，如图6-11所示，单击"网银助手"，之后下载安装"工行网银助手"。

图6-11　中国工商银行网银助手

（2）运行"工行网银助手"，启动安装向导，并根据提示步骤完成相关软件的下载，如图6-12所示。

图6-12　运行"工行网银助手"

（3）登录个人网上银行，进入"安全中心—U盾管理"，在"U盾自助下载"界面下载个人客户证书信息到U盾中。具体步骤参考图6-13。

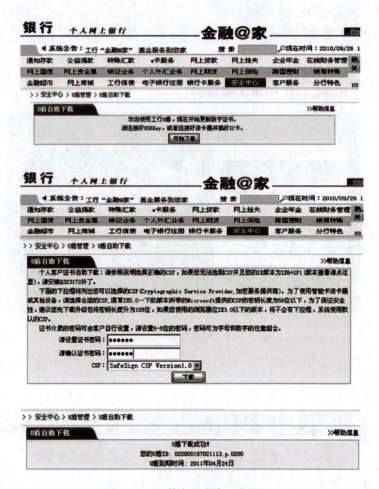

图 6-13　下载个人客户证书信息

任务二　银行存款的收付及账务处理

一、银行存款收入工作流程

1. 收取销售货款工作流程

收取销售货款工作流程如图 6-14 所示。

整理销售部门转来的银行进账单（如图6-15所示）以及从银行拿回的收款单据 ⇒ 制作记账凭证 ⇒ 将记账凭证及时传主管岗复核 ⇒ 序时登记银行日记账

图 6-14　收取销售货款工作流程图

项目六 银行结算与银行存款收付工作

中国建设银行　进账单（收账通知）

年　月　日

出票人	全称		收款人	全称											此联是收款人开户银行交给收款人的收账通知
	账号			账号											
	开户银行			开户银行											
金额	人民币（大写）				亿	千	百	十	万	千	百	十	元	角	分
票据种类		票据张数													
票据号码															
		复核　　　记账				收款人开户银行签章									

图 6-15　银行进账单

2. 其他项目收款工作流程

其他项目收款工作流程如图 6-16 所示。

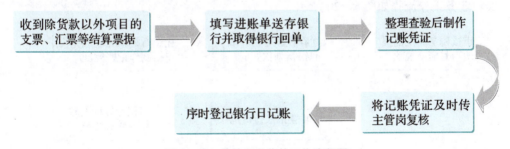

图 6-16　其他项目收款工作流程图

二. 银行存款支出业务工作流程

1. 经常支付款项业务工作流程

经常支付款项业务工作流程如图 6-17 所示。

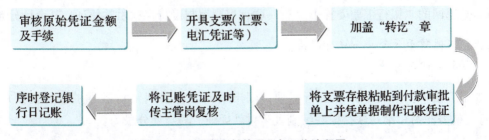

图 6-17　经常支付款项业务工作流程图

2. 工资发放业务工作流程

工资发放业务工作流程如图6-18所示。

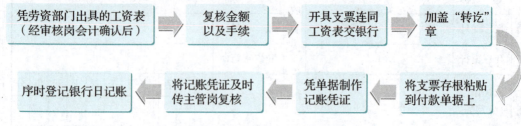

图6-18 工资发放业务工作流程图

3. 还贷及银行结算工作流程

还贷及银行结算工作流程如图6-19所示。

图6-19 还贷及银行结算工作流程图

4. 交税业务工作流程

交税业务工作流程如图6-20所示。

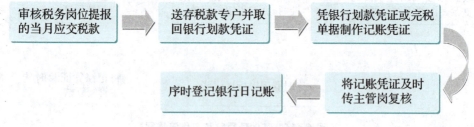

图6-20 交税业务工作流程图

三、银行存款收付的账务处理

1. 银行汇票的账务处理

（1）汇款单位出纳人员收到签发银行签发的"银行汇票联"和"解讫通知联"后根据银行盖章退回的"银行汇票委托书"第一联存根联编制银行存款付款凭证，其会计分录为：

借：其他货币资金——银行汇票
　　贷：银行存款

如果汇款单位用现金办理银行汇票，则出纳人员在收到银行签发的银行汇票后根据"银行汇票委托书"第一联存根联编制现金付款凭证，其会计分录为：

借：其他货币资金——银行汇票

贷：库存现金

　　对于银行按规定收取的手续费等费用，汇款单位应根据银行出具的收费收据，从其账户中直接扣付的银行手续费、银行票据工本费等费用编制银行存款付款凭证，用现金支付的编制现金付款凭证，其会计分录为：

　　借：财务费用
　　　贷：库存现金（或银行存款）

　　（2）汇款单位在用银行汇票办理结算后，应等到签发银行转来的银行汇票"多余款收账通知联"后，根据其"实际结算金额"栏的实际结算金额与供应部门转来的发票账单等原始凭证上的实际结算金额核对相符后编制记账凭证，其会计分录为：

　　借：原材料（或其他资产、费用类科目等）
　　　贷：其他货币资金——银行汇票

　　对于银行汇票实际结算金额小于银行汇票汇款金额的差额，汇款单位财务部门应根据签发银行转来的银行汇票"多余款收账通知联"中列明的"多余金额"数编制银行存款收款凭证，其会计分录为：

　　借：银行存款
　　　贷：其他货币资金——银行汇票

　　（3）收款单位出纳人员受理银行汇票时，应审查下列内容：
　　1）收款人或背书人是否确为本单位。
　　2）银行汇票是否在付款期内，日期、金额等填写是否正确无误。
　　3）印章是否清晰，压数机压印的金额是否清晰。
　　4）银行汇票和解讫通知是否齐全、相符。
　　5）汇款人或背书人的证明或证件是否无误，背书人证件上的姓名与其背书是否相符。
　　审查无误后，在汇款金额以内，根据实际需要的款项办理结算，并将实际结算金额和多余金额准确、清晰地填入银行汇票和解讫通知的有关栏内。银行汇票的多余金额由签发银行退交汇款人。全额解付的银行汇票，应在"多余金额"栏写上"-○-"符号。
　　填写完结算金额和多余金额后，收款人或被背书人将银行汇票和解讫通知同时提交兑付银行，缺少任何一联均无效，银行将不予受理。
　　收款人或被背书人受理银行汇票后，在汇票背面加盖预留银行印鉴的印章，连同解讫通知和进账单送交开户银行办理转账。进账单一式两联。第一联（回单或收账通知）由收款单位开户银行盖章后退收款单位作收款通知；第二联为收款人开户行作贷方凭证。
　　财务部门根据银行退回的进账单第一联（收账通知）所列实际结算金额和发票记账联等原始凭证，编制银行存款收款凭证，其会计分录为：

　　借：银行存款
　　　贷：主营业务收入等

2. 商业汇票的账务处理

（1）银行承兑汇票的账务处理。

1）支付手续费。按照"银行承兑协议"的规定，付款单位办理承兑手续应向承兑银行支付手续费，由开户银行从付款单位存款账户中扣收。付款单位按规定向银行支付手续费时，应填制银行存款付款凭证，其会计分录为：

借：财务费用
　　贷：银行存款

2）交付银行承兑汇票。付款单位按照交易合同规定，向供货方购货，将经过银行承兑后的汇票第二联、第三联交付收款单位，以便收款单位到期收款或背书转让。付款单位寄交汇票后，编制转账凭证，其会计分录为：

借：原材料（或其他资产、费用类科目等）
　　贷：应付票据

出纳人员在交付汇票时，应同时登记"应付票据备查簿"，逐项登记发出票据的种类（银行承兑汇票）、交易合同号、票据编号、签发日期、到期日期、收款单位及汇票金额等内容。

付款单位收到银行支付到期汇票的付款通知后，编制银行存款付款凭证，其会计分录为：

借：应付票据
　　贷：银行存款

同时在"应付票据备查簿"上登记到期付款的日期和金额，并在注销栏内予以注销。

如果汇票到期，而承兑申请人（即付款单位）无款支付或不足支付，承兑银行将继续向收款单位开户银行划拨资金，同时按照承兑协议规定将不足支付的票款转入承兑申请人的逾期贷款账户。付款单位收到银行转来的特种转账传票时，应编制记账凭证，其会计分录为：

借：应付票据
　　贷：短期借款

出纳人员同时在"应付票据备查簿"中加以记录。对于因无款支付或不足支付的罚息，应在收到银行罚息通知时，做银行存款付款凭证，其会计分录为：

借：营业外支出
　　贷：银行存款

3）收到银行承兑汇票的账务处理。收款单位财务部门收到付款单位的银行承兑汇票时，应按规定编制记账凭证，其会计分录为：

借：应收票据

贷：主营业务收入

应交税费——应交增值税（销项税额）

出纳人员根据收到的"银行承兑汇票"登记"应收票据备查簿"，逐项填写备查簿中票据种类、交易合同号、票据编号、签发日期、到期日期、票面金额、付款单位、承兑单位等有关内容。

汇票到期日，收款单位应填制一式两联进账单，并在银行承兑汇票第二联、第三联背面加盖预留银行的印章，将汇票和进账单一并送交其开户银行，委托开户银行收款。收款单位根据银行退回的第一联进账单编制银行存款收款凭证，其会计分录为：

借：银行存款

贷：应收票据

同时在"应收票据备查簿"上登记承兑的日期和金额情况，并在注销栏内予以注销。

（2）商业承兑汇票的账务处理。商业承兑汇票如果能在汇票到期时正常兑付，其账务处理与银行承兑汇票基本相同；如果到期无力支付而退回商业承兑汇票时，作为付款单位，应编制记账凭证，将应付票据转为应付账款，其会计分录为：

借：应付账款

贷：应付票据

并在"应付票据备查簿"中加以登记。相应地，收款单位收到其开户银行转来的付款单位退回的商业承兑汇票时，应编制转账凭证，将应收票据转为应收账款，其会计分录为：

借：应收账款

贷：应收票据

同样也应在"应收票据备查簿"中加以记录。

（3）商业汇票贴现的账务处理。贴现单位根据银行转回的贴现凭证按实付贴现金额做银行存款收款凭证，其会计分录为：

借：银行存款

贷：应收票据

同时按贴现利息做记账凭证，其会计分录为：

借：财务费用

贷：应收票据

并在"应收票据登记簿"登记有关贴现情况。

票据到期，由贴现银行通过付款单位开户银行向付款单位办理清算，收回票款。

对于银行承兑汇票，不管付款单位是否无款偿付或不足偿付，贴现银行都能从承兑银行取得票款，不会再与收款单位产生联系。

对于商业承兑汇票，贴现的汇票到期，如果付款单位有款足额支付票款，收款单位应于贴现银行收到票款后将应收票据在备查簿中注销。当付款单位存款不足，无力支付到期商业承兑汇票时，贴现银行应将商业承兑汇票退还给贴现单位，并从贴现单位账户直接划转已贴现票款。贴现单位收到银行退回的商业承兑汇票和特种转账传票时，凭特种转账传票编制银行存款付款凭证，其会计分录为：

借：应收账款
　　贷：银行存款

同时，立即向付款单位追索票款。如果贴现单位账户存款也不足时，贴现银行应将贴现票款转作逾期贷款，退回商业承兑汇票，并开出特种转账传票，贴现单位据此编制转账凭证，其会计分录为：

借：应收账款
　　贷：短期借款

并立即向付款单位追索票款。

3. 银行本票的账务处理

（1）办理本票。付款单位收到银行本票和银行退回的"银行本票申请书"回单后，财务部门根据"银行本票申请书"回单联编制银行存款付款凭证，其会计分录为：

借：其他货币资金——银行本票
　　贷：银行存款

根据银行按规定收取的办理银行本票的手续费，付款单位应当编制银行存款或现金付款凭证，其会计分录为：

借：财务费用——银行手续费
　　贷：银行存款（或库存现金）

（2）使用本票。付款单位使用银行本票向其他单位购买货物等业务，办理款项结算后，应根据收款单位的发票账单等有关凭证编制记账凭证，其会计分录为：

借：材料采购（或商品采购等）
　　贷：其他货币资金——银行本票

（3）收到银行本票。收款单位出纳人员收到付款单位交来的银行本票后，应填写一式两联"进账单"，并在银行本票背面加盖单位预留银行印章，将银行本票连同进账单一并送交开户银行办理收款手续，根据银行退回的进账单回单及有关原始凭证编制银行存款收款凭证，其会计分录为：

借：银行存款
　　贷：主营业务收入（或其他业务收入等）
　　　　应交税费——应交增值税（销项税额）

4. 银行支票的账务处理

（1）领取支票工本费及办理结算手续费的账务处理。根据银行收费收据编制银行存款或现金付款凭证，其会计分录为：

借：财务费用
　　贷：银行存款（或库存现金）

（2）支票支付款项的账务处理。凭支票存根和发票等有关原始凭证编制银行存款付款凭证，其会计分录为：

借：材料采购（或商品采购等）
　　贷：银行存款

（3）收到支票的账务处理。收款单位出纳人员收到付款单位交来的支票后，首先应对支票进行复核，对支票的复核应包括如下内容：

1）支票填写是否清晰，是否用碳素墨水填写。
2）支票的各项内容是否填写齐全，是否在签发单位盖章处加盖单位印章，大小写金额和收款人有无涂改。
3）支票收款单位是否为本单位。
4）支票大小写金额填写是否正确，两者是否相符。
5）支票是否在付款期内。
6）背书转让的支票其背书是否正确，是否连续。

收款单位出纳人员对受理的转账支票审查无误后，即可填制一式两联进账单，连同支票一并送交其开户银行办理收款手续。收款单位根据银行盖章退回的进账单第一联编制银行存款收款凭证，其会计分录为：

借：银行存款
　　贷：主营业务收入（或其他业务收入等）
　　　　应交税费——应交增值税（销项税额）

5. 委托收款的账务处理

（1）收款单位的账务处理。收款单位财务部门根据银行盖章退回的委托收款凭证回单和发票记账联等有关原始凭证编制记账凭证，其会计分录为：

借：应收账款——××单位
　　贷：主营业务收入（或其他业务收入等）
　　　　应交税费——应交增值税（销项税额）

对于银行按规定收取的手续费，应根据收据编制银行或现金付款凭证，其会计分录为：

借：财务费用
　　贷：银行存款（或库存现金）

(2) 付款单位的账务处理。付款单位出纳人员收到其开户银行转来的委托收款凭证及有关单证后，应进行复核，复核的内容包括：

1) 委托收款凭证是否应由本单位受理。

2) 凭证内容和所附的有关单证填写是否齐全正确。

3) 委托收款金额和实际应付金额是否一致，承付期限是否到期。

付款单位根据银行转来的委托收款凭证和有关原始凭证编制银行存款付款凭证，其贷方科目为"银行存款"，借方科目则根据业务性质和本单位所属行业会计制度而定。例如，工业企业购买材料时，其会计分录为：

借：材料采购
　　应交税费——应交增值税（进项税额）
　贷：银行存款

6. 托收承付的账务处理

(1) 收款单位的账务处理。收款单位在收到银行盖章退回的托收承付结算凭证后，应根据托收承付结算凭证和有关原始凭证编制记账凭证，其会计分录为：

借：应收账款——××单位
　贷：主营业务收入（或其他业务收入等）
　　　应交税费——应交增值税（销项税额）

对于收款单位在发运货物时代付款单位垫付的运杂费等，应在垫付后凭运杂费等原始凭证复制件（原件随托收承付结算凭证寄付款单位）编制银行存款或现金付款凭证，其会计分录为：

借：应收账款——××单位
　贷：银行存款（或库存现金）

收款单位出纳人员还应根据托收承付结算凭证登记"托收承付登记簿"，详细登记办妥托收日期，付款单位的名称、账号、开户银行，托收款项内容，托收金额等，等收到付款单位货款时再进一步登记托收回的金额和托收回的日期等。

收款单位收到银行盖章后转来的收账通知后，编制银行存款收款凭证，其会计分录为：

借：银行存款
　贷：应收账款——××单位

(2) 付款单位的账务处理。付款单位承付托收款项后，应当根据托收承付结算凭证及有关交易原始凭证编制银行存款付款凭证，其会计分录为：

借：材料采购
　　应交税费——应交增值税（进项税额）
　贷：银行存款

无论是验单付款还是验货付款，付款人都可以在承付期未满提前向银行表示承付，在承付书上签注意见送交银行办理。如因价格或数量、金额的变动，付款人可以多承付款项，需要在承付期内向银行提出书面通知，银行即可随同当次托收款项划给收款人。但收款人不得在承付货款中，扣抵其他款项或以前托收的货款。

任务三　其他货币资金的收付

一、其他货币资金基本知识

其他货币资金是指存放地点和用途都与库存现金和银行存款不同的货币资金。其他货币资金就其性质而言，同现金和银行存款一样均属于货币资金，但是存放地点和用途不同于现金和银行存款，因此在会计上应分别核算。其他货币资金主要包括银行汇票存款、银行本票存款、信用卡存款、信用证保证金存款、存出投资款和外埠存款等。

二、其他货币资金收付的账务处理

（一）银行汇票存款

银行汇票存款是指企业为取得银行汇票而按规定存入银行的款项。企业在填送"银行汇票申请书"并将款项交存银行，取得银行汇票后，根据银行盖章退回的申请书存根联，借记"其他货币资金"科目，贷记"银行存款"科目。企业使用银行汇票后，根据发票账单等有关凭证，借记"材料采购"科目，贷记"其他货币资金"科目，涉及增值税进项税额的，还要进行相应的处理。如有多余款或因汇票超过付款期等原因而退回的款项，根据开户行转来的多余款收账通知，借记"银行存款"科目，贷记"其他货币资金"科目。

【例6-1】2019年6月15日，江南公司申请办理银行汇票，将银行存款200,000元转为银行汇票存款。6月18日以银行汇票结算采购材料款120,000元，增值税15,600元，共计135,600元，材料尚未验收入库。6月20日银行将多余款项64,400元退回，收妥入账。会计部门编制如下会计分录：

（1）取得银行汇票：

借：其他货币资金——银行汇票存款　　　　200,000
　　贷：银行存款　　　　　　　　　　　　　　　　200,000

（2）用银行汇票采购材料：

借：材料采购　　　　　　　　　　　　　　120,000

　　　　应交税费——应交增值税（进项税额）　　　15,600
　　　　　贷：其他货币资金——银行汇票存款　　　　　135,600
　（3）收到退款：
　　　借：银行存款　　　　　　　　　　　　　　　64,400
　　　　　贷：其他货币资金——银行汇票存款　　　　　64,400

（二）银行本票存款

　　银行本票存款是指企业为取得银行本票而按规定存入银行的款项。企业向银行提交"银行本票申请书"并将款项交存银行，取得银行本票后，根据银行盖章退回的申请书存根联，借记"其他货币资金"科目，贷记"银行存款"科目。企业使用银行本票后，根据发票账单等有关凭证，借记"材料采购"等科目，贷记"其他货币资金"科目，涉及增值税进项税额的，还要进行相应的处理。因本票超过付款期等原因而要求退款时，应当填制进账单一式两联，连同本票一并送交银行，根据银行盖章退回的进账单第一联，借记"银行存款"科目，贷记"其他货币资金"科目。银行本票存款的账务处理与银行汇票存款相同。

（三）信用卡存款

　　信用卡存款是指企业为取得信用卡而按规定存入银行的款项。企业应按规定填制申请表，连同支票和有关资料一并送交发卡银行，根据银行盖章退回的进账单第一联，借记"其他货币资金"科目，贷记"银行存款"科目。企业用信用卡购物或支付有关费用时，借记有关存货或有关费用科目，贷记"其他货币资金"科目。企业信用卡在使用过程中，需向其账户续存资金的，借记"其他货币资金"科目，贷记"银行存款"科目。

　　【例6-2】6月份，大通公司发生信用卡存款收付业务如下：①将银行存款80,000元存入信用卡；②用信用卡支付业务招待费2,500元；③收到信用卡存款的利息200元。会计部门编制如下会计分录：

　（1）将资金存入信用卡：
　　　借：其他货币资金——信用卡存款　　　　　　80,000
　　　　　贷：银行存款　　　　　　　　　　　　　　　80,000
　（2）用信用卡支付业务招待费：
　　　借：管理费用　　　　　　　　　　　　　　　　2,500
　　　　　贷：其他货币资金——信用卡存款　　　　　　2,500
　（3）收到信用卡存款的利息：
　　　借：其他货币资金——信用卡存款　　　　　　　　200
　　　　　贷：财务费用　　　　　　　　　　　　　　　　200

(四) 信用证保证金存款

信用证保证金存款是指企业为取得信用证而按规定存入银行的保证金。企业向银行交纳保证金,根据银行退回的进账单第一联,借记"其他货币资金"科目,贷记"银行存款"科目。根据开证行交来的信用证回单通知书及有关单据列明的金额,借记"库存商品"等科目,贷记"其他货币资金"或"银行存款"科目。

(五) 存出投资款

存出投资款是指企业已存入证券公司但尚未进行短期投资的款项。企业向证券公司划出资金时,应按实际划出的金额,借记"其他货币资金"科目,贷记"银行存款"科目;购买股票、债券等时,按实际发生的金额,借记"交易性金融资产"等科目,贷记"其他货币资金"科目。

【例6-3】5月份,大通公司发生存出投资款业务如下:①将银行存款2,000,000元划入某证券公司准备进行投资活动;②委托证券公司购买股票若干股,其成本为1,200,000元,并将其划分为交易性金融资产。会计部门编制如下会计分录:

(1) 将资金划入证券公司:

借:其他货币资金——存出投资款　　　　2,000,000
　　贷:银行存款　　　　　　　　　　　　　　　2,000,000

(2) 委托证券公司购买股票:

借:交易性金融资产　　　　　　　　　　1,200,000
　　贷:其他货币资金——存出投资款　　　　　　1,200,000

(六) 外埠存款

外埠存款是指企业到外地进行临时或零星采购时,汇往采购地银行开立采购专户的款项。企业将款项交当地银行委托其汇往采购地开立专户时,借记"其他货币资金"科目,贷记"银行存款"科目。收到采购员交来供应单位发票账单等报销凭证时,借记"材料采购"等科目,贷记"其他货币资金"科目。将多余的外埠存款转回当地银行时,根据银行的收账通知,借记"银行存款"科目,贷记"其他货币资金"科目。

【例6-4】2019年4月12日,大通公司委托开户的招商银行汇往建设银行600,000元以开立采购专户;4月20日,采购员交来供货单位发票两张共计金额565,000元,其中货款500,000元,增值税65,000元,采购的商品尚未收到;4月28日收到开户银行的收账通知,建设银行退回外埠存款35,000元。会计部门编制如下会计分录:

(1) 委托银行开立采购专户:

借:其他货币资金——外埠存款　　　　　600,000
　　贷:银行存款　　　　　　　　　　　　　　　600,000

（2）采购商品：

借：材料采购　　　　　　　　　　　　　　　500,000
　　应交税费——应交增值税（进项税额）　　 65,000
　　贷：其他货币资金——外埠存款　　　　　 565,000

（3）收到退回多余的外埠存款：

借：银行存款　　　　　　　　　　　　　　　 35,000
　　贷：其他货币资金——外埠存款　　　　　 35,000

练 习 题

一、单项选择题

1. 银行汇票的提示付款期为自出票日起（　　）。
   A. 1个月　　　　　B. 2个月　　　　　C. 3个月　　　　　D. 6个月
2. 下列支付结算中，需签订购销合同才能使用的是（　　）。
   A. 银行汇票　　　B. 银行本票　　　C. 托收承付　　　D. 支票
3. 企业支取的银行承兑汇票手续费应计入（　　）。
   A. 管理费用　　　B. 财务费用　　　C. 营业外支出　　D. 其他业务支出
4. 下列结算方式中，只能用于同一票据交换区域结算的是（　　）。
   A. 汇兑结算方式　　　　　　　　　B. 委托收款结算方式
   C. 银行汇票结算方式　　　　　　　D. 银行本票结算方式
5. 商业汇票的付款期限最长不得超过（　　）。
   A. 6个月　　　　　B. 3个月　　　　　C. 12个月　　　　D. 9个月

二、多项选择题

1. 下列项目中，属于其他货币资金的有（　　）。
   A. 存出投资款　　　　　　　　　　B. 信用卡存款
   C. 信用证保证金存款　　　　　　　D. 存出保证金
2. 商业汇票的承兑人可以是（　　）。
   A. 购货单位　　　　　　　　　　　B. 购货单位的开户银行
   C. 销货单位　　　　　　　　　　　D. 销货单位的开户银行
3. 下列票据可以背书转让的有（　　）。
   A. 现金支票　　　B. 转账支票　　　C. 商业汇票　　　D. 银行本票
4. 下列结算中，可用于异地结算的有（　　）。
   A. 委托收款　　　B. 银行汇票　　　C. 商业汇票　　　D. 银行本票

5. 下列结算中,可用于同城和异地结算的有( )。
   A. 委托收款   B. 支票   C. 商业汇票   D. 托收承付

三、技能训练题

2019年5月B公司发生下列业务:

(1) 5月5日,向银行提出申请,开立银行本票,金额240,000元。

(2) 5月11日,用银行本票结算材料货款,增值税专用发票注明价款200,000元,增值税26,000元,价税合计226,000元。

(3) 5月16日,公司购进材料一批,业务员交来增值税专用发票等有关凭证,材料价款100,000元,增值税13,000元,价税合计113,000元,材料入库,开出转账支票一张。

(4) 5月18日,公司用信用卡支付业务招待费3,500元。

(5) 5月21日,汇给南京大地商贸有限公司前欠货款12,000元,以信汇方式汇出。

要求:根据以上资料,做出相关账务处理。

项目七

日记账的登记与核对

学习目标

知识目标

※ 掌握日记账账簿设置及启用要求。

※ 掌握日记账登记方法。

※ 了解日记账的核对要求。

※ 掌握银行存款余额调节表的编制方法。

能力目标

※ 能根据记账凭证正确登记现金日记账。

※ 能根据记账凭证正确登记银行存款日记账。

※ 会进行账证、账账、账实核对。

※ 会编制银行存款余额调节表。

任务一 现金日记账的登记与核对

一、账簿设置

根据会计制度规定,单位应设置现金日记账。现金日记账应采用订本式(如图7-1所示)。

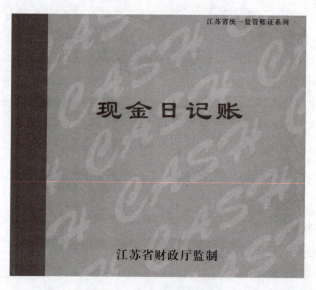

图7-1 订本式现金日记账

实现会计电算化的单位,每天必须输入、打出现金、银行存款日记账。在所有记账凭证数据已存于计算机内的条件下,可用总分类账户本期发生额及期末余额对照表替代总分类账。总账、明细账及银行余额调节表至少每月打印一次。

二、账簿启用

启用现金日记账应按以下规定执行:
(1)在账簿扉页"账簿启用表"上写明单位名称、账簿名称、启用日期、负责人和主办会计人员姓名,并加盖名章和单位公章。
(2)账簿扉页"经管本账簿人员一览表"上填列接交账簿人员、经管或接管日期、移交日期,并加盖名章(如图7-2所示)。

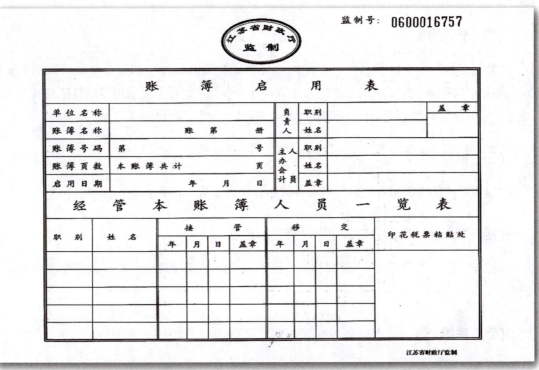

图 7-2 账簿启用表

（3）启用订本式账簿，应按顺序编定页数使用，不得跳页、缺号。使用活页式账页，应按账户顺序编号，并装订成册。年度终了再按实际使用的账页顺序编定页数和建立账户目录。

（4）印花税票粘贴处是指购买账簿的印花税票。

请思考：

有人问：现金日记账和银行存款日记账每年都要换新账簿吗？如果账页剩余较多，不是造成浪费吗？

解答：根据有关规定，现金日记账和银行存款日记账必须每年更换。

三、现金日记账登记方法

现金日记账是用来核算和监督库存现金每天的收入、支出和结存情况的账簿。由出纳人员根据与现金收付有关的记账凭证，如现金收款、现金付款、银行付款（提现业务）凭证，逐日逐笔进行登记，并随时结记余额。登记现金日记账时，除了遵循账簿登记的基本要求外，还应注意以下栏目的填写方法：

（一）日期

"日期"栏中填入的应为据以登记账簿的会计凭证上的日期，现金日记账一般依据记账凭证登记，因此此处日期为编制该记账凭证的日期。不能填写原始凭证上记载的发生或完成该经济业务的日期，也不是实际登记该账簿的日期。

（二）凭证号数

"凭证号数"栏中应填入据以登账的会计凭证类型及编号。如果企业采用通用凭证格式，根据记账凭证登记现金日记账时，填入"记××"；如果企业采用专用凭证格式，根据现金收、付款凭证登记现金日记账时，填入"现收××""现付××"。

（三）摘要

"摘要"栏简要说明入账的经济业务的内容，力求简明扼要。

（四）收入（借方）金额、付出（贷方）金额

"借方"栏、"贷方"栏应根据相关凭证中记录的"库存现金"科目的借贷方向及金额记入。

（五）余额

"余额"栏应根据"本行余额＝上行余额＋本行借方－本行贷方"公式计算填入。

正常情况下库存现金不允许出现贷方余额，因此现金日记账余额栏前未印有借贷方向，其余额方向默认为借方。若在登记现金日记账过程中，由于登账顺序等特殊原因出现了贷方余额，则在余额栏用红字登记，表示贷方余额。

现金日记账登记见表7-1。

表7-1　现金日记账

第　　页

2019年		凭证		摘要	借方							贷方							余额						
月	日	字	号		十万	万	千	百	十	元	角	分	十万	万	千	百	十	元	角	分	十万	万	千	百	十	元	角	分
9	20			承前页																			5	0	0	0	0	0
9	22	现付	20	预付差旅费										1	1	0	0	0	0	0			3	9	0	0	0	0
9	23	现收	10	收货款			5	0	0	0	0	0											4	4	0	0	0	0
9	23	现付	21	零星购料											8	0	0	0	0	0			3	6	0	0	0	0
9	24	现付	22	购办公用品											2	6	0	0	0	0			3	3	4	0	0	0
9	25	银付	20	提取现金			2	0	0	0	0	0											5	3	4	0	0	0
9	26	现收	11	收张军现金			3	2	0	0	0	0											5	6	6	0	0	0
9	27	现付	23	付运费										1	6	0	0	0	0	0			4	0	6	0	0	0
9	28	银付	26	提现备发工资		2	8	6	0	0	0	0										3	2	6	0	0	0
9	28	现付	24	发放工资										2	8	6	0	0	0	0			4	0	6	0	0	0
9	30	现付	25	付卫生费											5	2	0	0	0	0			3	5	4	0	0	0
				本月合计		1	6	5	8	2	0	0		1	7	6	4	9	0	0			3	5	4	0	0	0

四、现金日记账核对

为了使现金日记账的账面记录完整与准确,使其与有关的账目、款项相符,出纳人员在收、付现金以后,要及时记账,并且要按照一定的程序进行对账。

对账就是对账簿记录的内容进行核对,使账证、账账和账实相符的过程。现金日记账的账证核对,主要是指现金日记账的记录与有关的收、付款凭证进行核对;账账核对,则是指现金日记账与现金总分类账的期末余额进行核对;账实核对,则是指现金日记账的余额与实际库存数额进行核对。

(一)账证(现金日记账与现金收、付款凭证)核对

收、付款凭证是登记现金日记账的依据,账目和凭证应该是完全一致的。但是,在记账过程中,由于工作粗心等原因,往往会发生重记、漏记、记错方向或记错数字等情况。账证核对要按照业务发生的先后顺序一笔一笔地进行。检查的项目主要是:核对凭证编号;复查记账凭证与原始凭证,看两者是否完全相符;查对账证金额与方向的一致性。检查如发现差错,要立即按规定方法更正,确保账证完全一致。

(二)账账(现金日记账与现金总分类账)核对

现金日记账是根据收、付款凭证逐笔登记的,现金总分类账是根据收、付款凭证汇总登记的,记账的依据是相同的,记录的结果应该完全一致。但是,由于两种账簿是由不同人员分别记账,而且总账一般是汇总登记,在汇总和登记过程中,都有可能发生差错;日记账是一笔一笔地登记的,记录的次数很多,也难免发生差错。因此,出纳人员应定期出具"出纳报告单"与总账会计进行核对。平时要经常核对两账的余额,每月终了结账后,总分类账各个科目的借方发生额、贷方发生额和余额都已试算平衡,一定要将总分类账中现金本月借方发生额、贷方发生额以及月末余额分别同现金日记账的本月收入(借方)合计数、本月支出(贷方)合计数和余额相互核对,查看账账之间是否完全相符。如果不符,先应查出差错出在哪一方,如果借方发生额出现差错,应查找现金收款凭证、银行存款付款凭证(提取现金业务)和现金收入一方的账目;反之则应查找现金付款凭证和现金付出一方的账目。找出错误后应立即按规定的方法加以更正,做到账账相符。

(三)账实(现金日记账与库存现金)核对

出纳人员在每天业务终了以后,应自行清查账款是否相符。首先结出当天现金日记账的账面余额,再盘点库存现金的实有数,看两者是否完全相符。在实际工作中,凡是有当天来不及登记的现金收、付款凭证的,均应按"库存现金实有数 + 未记账的付款凭证金额 - 未记账的收款凭证金额 = 现金日记账账存余额"的公式进行核对。反复核对仍不相符的,即说明当日记账或实际现金收、付有误。在这种情况下,出纳人员一方面应向会计负责人报

告，另一方面应对当天办理的收、付款业务逐笔回忆，争取尽快找出差错的原因。

任务二　银行存款日记账的登记与核对

一、账簿设置

根据会计制度规定，单位应设置银行存款日记账。银行存款日记账应采用订本式账簿（如图7-3所示）。其账页格式一般采用"收入"（借方）、"支出"（贷方）和"余额"三栏式。银行存款收入、支出数额应根据有关的银行收款、现金付款、银行付款凭证登记。每日业务终了时，应计算、登记当日的银行存款收入合计数、银行存款支出合计数及账面结余额，以便检查监督各项收入和支出款项，并便于定期同银行送来的对账单核对。

图7-3　银行存款日记账

银行存款日记账也可以采用多栏式的格式，即将收入栏和支出栏分别按照对方科目设置若干专栏。多栏式银行存款日记账按照银行存款收、付的每一对应科目设置专栏进行序时、分类登记，月末根据各对应科目的本月发生额一次登记总账有关账户，因而不仅可以清晰地反映银行存款收、付的来龙去脉，而且可以简化总分类账的登记工作。在采用多栏式银行存款日记账的情况下，如果银行存款收、付的对应科目较多，为了避免账页篇幅较大，可以分设银行存款收入日记账和银行存款支出日记账。

二、账簿启用

银行存款日记账也是各单位重要的经济档案之一，在启用账簿时，应按有关规定和要求填写"账簿启用表""经管本账簿人员一览表"，具体内容和要求可参照现金日记账的启用要求。

三、银行存款日记账登记方法

银行存款日记账通常也是由出纳人员根据审核后的有关银行存款收、付款凭证及现金付款凭证逐日、逐笔顺序登记的。登记银行存款日记账的总的要求是：银行存款日记账由出纳人员专门负责登记，登记时必须做到反映经济业务的内容完整，登记账目及时，凭证齐全，账证相符，数字真实、准确，书写工整，摘要清楚明了，便于查阅，不重记，不漏记，不错记，按期结算，不拖延积压，按规定方法更正错账，从而使账目既能明确经济责任，又清晰美观。具体要求如下：

（1）根据复核无误的银行存款收、付款记账凭证和现金付款凭证登记账簿。
（2）所记载的经济业务内容必须同记账凭证相一致，不得随便增减。
（3）要按经济业务发生的顺序逐笔登记账簿。
（4）必须连续登记，不得跳行、隔页，不得随便更换账页和撕扯账页。
（5）文字和数字必须整洁清晰，准确无误。
（6）使用钢笔，以蓝、黑色墨水书写，不得使用圆珠笔（银行复写账簿除外）或铅笔书写。
（7）每一账页记完后，必须按规定转页。
（8）每月月末必须按规定结账。

银行存款日记账登记见表7-2。

表7-2 银行存款日记账

2019年		凭证号数	对方科目	摘要	√	收入（借方）金额	付出（贷方）金额	结存金额
月	日					千百十万千百十元角分	千百十万千百十元角分	千百十万千百十元角分
6	24			承前页				2 6 3 2 0 0 0 0
6	25	银付28	原材料	付购货款			2 0 0 0 0 0 0	2 4 3 2 0 0 0 0
6	26	银付29	周转材料	付购工具款			1 0 4 5 0 0	2 4 2 1 5 5 0 0
6	27	银收3	应收账款	收回销售款		2 3 0 0 0 0 0 0		4 7 2 1 5 5 0 0
6	30	银付30	原材料	付购货款			9 0 0 0 0 0 0	3 8 2 1 5 5 0 0
6	30	银付31	管理费用	付修理费			2 5 0 0 0 0	3 7 9 6 5 5 0 0
6	30	银付32	应付账款	付前购货款			5 0 0 0 0 0 0	3 2 9 6 5 5 0 0
				本月合计		3 1 5 5 0 0 0 0	2 4 9 5 4 5 0 0	3 2 9 6 5 5 0 0

四、银行存款日记账核对

银行存款日记账核对是通过与银行送来的对账单进行核对完成的，其核对主要包括三点：① 银行存款日记账与银行存款收、付款凭证相互核对，做到账证相符；② 银行存款日记账与银行存款总账相互核对，做到账账相符；③ 银行存款日记账与银行对账单相互核对，做到账实相符。

（一）账证（银行存款日记账与收、付款凭证）核对

银行收、付款凭证是登记银行存款日记账的依据，账目和凭证应该是完全一致的，但是在记账过程中，由于各种原因，往往会发生重记、漏记、记错方向或记错数字等情况。账证核对主要按照业务发生的先后顺序一笔一笔进行，检查的项目主要是：核对凭证的编号；检查记账凭证与原始凭证两者是否完全相符；查对账证金额与方向的一致性。

检查时如发现差错，要立即按照规定方法更正，以确保账证完全一致。

（二）账账（银行存款日记账与银行存款总账）核对

银行存款日记账是根据收、付款凭证逐项登记的，银行存款总账是根据收、付款凭证汇总登记的，记账依据是相同的，记录结果应一致，但由于两种账簿是不同人员分别登记的，而且总账一般是汇总登记的，在汇总和登记过程中，都有可能发生差错。日记账是一笔一笔地登记的，记录次数多，难免会发生差错。平时要经常核对两账的余额，每月终了结账后，总账各科目的借方发生额、贷方发生额以及月末余额都已试算平衡，一定还要将其分别同银行存款日记账中的本月收入合计数、支出合计数和余额相互核对。如果不符，先应查出差错在哪一方，如果借方发生额出现差错，应查找银行存款收款凭证和银行存款收入一方的账目。反之，则查找银行存款付款凭证和银行存款付出一方的账目。找出差错，应立即加以更正，做到账账相符。

（三）账实（银行存款日记账与银行对账单）核对

企事业单位在银行中的存款实有数是通过"银行对账单"来反映的，所以账实核对是银行存款日记账定期与"银行对账单"核对，至少每月一次，这是出纳人员的一项重要工作。

理论上讲，"银行存款日记账"的记录对银行开出的"银行存款对账单"无论是发生额，还是期末余额都应是完全一致的，因为它是同一账号存款的记录，但是通过核对，会发现双方的账目经常出现不一致的情况，原因有两个：

（1）双方账目可能发生记录或计算上的错误，如单位记账漏记、重记，银行对账单串户等，这种错误应由双方及时查明原因，予以更正。

（2）有"未达账项"。"未达账项"是指由于期末银行估算凭证传递时间的差异，而造成的银行与开户单位之间一方入账，另一方尚未入账的账项。

无论是记录有误，还是有"未达账项"，都要通过单位存款日记账的记录与银行开出的"银行存款对账单"进行逐笔核对才能发现。具体做法如下：

出纳人员根据银行提供的对账单同自己单位的"银行存款日记账"进行核对，核对时，需要对凭证的种类、编号、摘要、记账方向、金额、记账日期等内容进行逐项核对，凡是对账单与银行存款日记账记录内容相同的可用"√"在对账单和日记账上分别标示，以表明该笔业务核对一致；若有"未达账项"，应编制"银行存款余额调节表"进行调节，使双方余额相等。

五、银行存款余额调节表的编制

银行存款余额调节表是在银行对账单余额与企业账面余额的基础上，各自加上对方已收、本单位未收账项数额，减去对方已付、本单位未付账项数额，以调整双方余额使其一致的一种调节方法。银行存款余额调节表的计算方法为银行对账单存款余额+企业已收而银行未收账项-企业已付而银行未付账项=企业账面存款余额+银行已收而企业未收账项-银行已付而企业未付账项

通过核对调节,"银行存款余额调节表"上的双方余额相等,一般可以说明双方记账没有差错。如果经调节仍不相等,要么是未达账项未全部查出,要么是一方或双方记账出现差错,需要进一步采用对账方法查明原因,加以更正。调节相等后的银行存款余额是当日可以动用的银行存款实有数。对于银行已经划账,而企业尚未入账的未达账项,要待银行结算凭证到达后,才能据以入账,不能以"银行存款调节表"作为记账依据。

【例7-1】 2019年6月30日,东方公司银行存款日记账账面余额为51,400元,而银行对账单余额为52,100元,经逐笔核对,发现有以下未达账项:

(1) 28日送存银行转账支票一张,计15,000元,银行尚未入账。

(2) 29日开出现金支票一张,支付费用3,500元,银行尚未收到支票转账。

(3) 委托银行代收款项12,500元,银行已收款入账,企业尚未接到银行收款通知,未入账。

(4) 银行代企业支付本月水电费850元、煤气费650元,银行已付款入账,企业尚未收到付款通知。

(5) 银行已结算本季度存款利息1,200元,企业尚未入账。

根据上述银行存款收付业务编制的银行存款余额调节表见表7-3。

表7-3 银行存款余额调节表

户名:东方公司　　　　　　　　2019年6月30日　　　　　　　　单位:元

项　　目	金　额	项　　目	金　额
企业银行存款日记账余额	51,400	银行对账单余额	52,100
加:银行已收,企业未收 (3) 银行代收的销货款 (5) 银行存款利息 减:银行已付,企业未付 (4) 银行代付水电费、煤气费	 12,500 1,200 850 650	加:企业已收,银行未收 (1) 企业送存转账支票 减:企业已付,银行未付 (2) 企业开出现金支票银行未支付	 15,000 3,500
调整后银行存款余额	63,600	调整后银行存款余额	63,600

练 习 题

一、单项选择题

1. 登记账簿的直接依据是(　　)。
   A. 会计分录　　　B. 会计凭证　　　C. 经济合同　　　D. 经济业务

2. 将现金存入银行业务，登记银行日记账的依据是（　　）。
   A. 现金收款凭证　　　　　　　　　B. 转账凭证
   C. 现金付款凭证　　　　　　　　　D. 银行付款凭证
3. 现金及银行存款日记账外表形式应采取（　　）。
   A. 活页式账簿　　B. 卡片式账簿　　C. 订本式账簿　　D. 备查账簿
4. 现金日记账中，"凭证号数"栏不可能出现（　　）。
   A. 现收××　　B. 现付××　　C. 银收××　　D. 银付××
5. 现金日记账和银行存款日记账，由（　　）登记。
   A. 财务负责人　　B. 经办人员　　C. 总账会计　　D. 出纳人员

二、多项选择题

1. 任何单位都必须设置的账簿有（　　）。
   A. 现金日记账　　B. 银行存款日记账　　C. 总分类账　　D. 备查账
2. 现金和银行存款日记账属于（　　）。
   A. 备查账　　B. 序时账　　C. 分类账　　D. 订本账
3. 对账的具体内容包括（　　）。
   A. 账证核对　　B. 账账核对　　C. 账物核对　　D. 账表核对
   E. 账实核对
4. 登记现金日记账"收入"栏的依据有（　　）。
   A. 现金收款凭证　　B. 现金付款凭证　　C. 银行存款收款凭证
   D. 银行存款付款凭证　　　　　　　E. 转账凭证
5. 现金日记账和银行存款日记账（　　）。
   A. 一般采用订本式账簿和三栏式账页　　B. 由出纳人员登记
   C. 根据审核后的收、付款凭证登记　　　D. 逐日逐笔序时登记
   E. 每日汇总登记

三、技能训练题

技能训练题一：银行存款余额调节表的编制

2019年7月31日，长江科技有限公司的银行存款日记账余额为160,000元，银行对账单余额为162,000元，未达账项如下：

（1）7月30日，企业开出转账支票2,000元，用于支付购买原材料，供货方尚未到银行办理转账，银行未入账。

（2）7月30日，公司存入转账支票一张，金额为3,200元，银行未入账。

（3）7月30日，公司委托银行代收款项4,000元，银行已收到入账，但企业尚未收到通知。

（4）7月31日，银行代收水电费500元已入账，但企业尚未收到通知。

（5）7月31日，公司存入现金支票一张，金额为300元，银行未入账。

根据上述资料，编制银行存款余额调节表（见表7-4）。

表 7-4 银行存款余额调节表

公司：   年 月 日

项目	余额	项目	余额
企业银行存款日记账余额		银行对账单余额	
加：银行已收，企业未收		加：企业已收，银行未收	
减：银行已付，企业未付		减：企业已付，银行未付	
调节后的银行存款余额		调节后的银行存款余额	

技能训练题二： 银行存款的核对及银行存款余额调节表的编制

永丰实业有限公司 2019 年 9 月份银行对账单和银行存款日记账上的记录分别见表 7-5 和表 7-6。

表 7-5 中国建设银行淮安市分行对账单

账号：103413010400005678   单位名称：永丰实业有限公司   第   页

日期	交易	凭证号	借方	贷方	余额
承上页					100,000
9.2	取得短期借款	2600 #		100,000	
9.3	提取现金	2604 #	2,000		
9.5	支付采购款	2606 #	3,510		
9.10	支付采购款	2607 #	40,800		
9.15	支付广告费	2609 #	2,000		
9.18	代收销货款	2612 #		32,500	
9.20	存款利息	2613 #		1,930	
9.20	代付电费	2615 #	1,000		
9.26	提取现金	2617 #	38,000		
9.30	支付货款	2618 #	50,800		

表 7-6 企业银行存款日记账

日期	凭证种类	摘要	借方	贷方	余额
期初余额					100,000
9.3	2600 #	取得短期贷款	100,000		
9.5	2606 #	支付钢材款		3,510	
9.8	2607 #	支付钢材款		40,800	
9.10	2608 #	收取销货款	16,800		
9.15	2609 #	支付广告费		2,000	
9.18	2610 #	支付办公费		500	
9.20	2612 #	收取销货款	32,500		
9.25	2611 #	支付税金		4,950	
9.26	2617 #	提取现金		38,000	
9.30	2618 #	支付货款		50,800	

要求：

（1）根据资料分别计算银行存款日记账和银行对账单账面余额。

（2）查明未达账项后，编制9月份银行存款余额调节表（见表7-7）。

表7-7　银行存款余额调节表

公司：　　　　　　　　　　　　年　月　日

项　目	余　额	项　目	余　额
企业银行存款日记账余额		银行对账单余额	
加：银行已收，企业未收		加：企业已收，银行未收	
减：银行已付，企业未付		减：企业已付，银行未付	
调节后的银行存款余额		调节后的银行存款余额	

项目八 会计凭证装订与会计档案保管

学习目标

知识目标

※ 了解会计凭证装订标准。

※ 掌握会计凭证装订要求。

※ 掌握会计凭证装订方法。

※ 掌握会计凭证借阅的相关规定。

※ 了解会计档案保管、销毁期限及要求。

能力目标

※ 会按照会计凭证装订要求准备装订材料及工具。

※ 会对装订前的凭证进行规范整理。

※ 能够按照装订步骤完成凭证装订。

※ 能够办理会计凭证借阅的相关手续。

※ 能够按照会计档案管理规定完成凭证归档、保管。

任务一　会计凭证装订

会计凭证是重要的经济档案和历史资料，会计人员应及时对会计凭证进行整理装订，然后移交给档案管理部门进行保管。

会计凭证装订流程如图 8-1 所示。

图 8-1　会计凭证装订流程图

一、装订标准、要求及注意事项

（一）装订标准

每本凭证装订厚度一般为 1.5~2.0 厘米，保证装订牢固，防止偷盗和任意抽取；同时还要美观大方，装订后要达到"四边齐、表面平、无凹凸、书本型"的标准。

（二）装订要求

装订之前，要设计一下，看一个月的记账凭证究竟订成几册为好。每册的厚薄应基本保持一致，不能把几张应属一份记账凭证附件的原始凭证拆开装订在两册之中，要做到既美观大方又便于翻阅。一本凭证，厚度一般以 1.5~2.0 厘米为宜。过薄，不利于戳立放置；过厚，不便于翻阅核查。凭证装订的各册，一般以月份为单位，每月订成一册或若干册。凭证少的单位，可以将若干个月份的凭证合并订成一册，在封皮注明本册所含的凭证月份。

（三）注意事项

由于原始凭证往往大于记账凭证，从而折叠过多，这样一本凭证就显得中间厚，装订线的位置薄，订出的一本凭证会像条鱼一样。这时可以用一些纸折成许多三角形，均匀地垫在装订线的位置。这样装订出来的凭证就显得整齐了。

二、装订材料、工具准备

做好装订前材料、工具的配备。一般装订工具配备如下：闸刀 1 架；取钉器 1 只；大剪刀 1 把；大针 1 枚（钢钩子针或用回形针折成 V 形亦可）；装订线若干；手电钻 1 把（或装订机 1 台，如图 8-2、图 8-3 所示）；胶水 1 瓶；凭证封面、封底、包角纸若干；装订台 1 张（亦可用方凳代替）；铁榔头 1 只；木垫板 1 块；铁夹若干只；美工刀 1 把。

图 8-2　凭证装订机

图 8-3　全自动凭证装订机

三、装订前的凭证整理

会计凭证装订前的整理工作包括：

（1）分类整理，按顺序排列，检查日数、编号是否齐全。

（2）按凭证汇总日期归集（如按上、中、下旬汇总归集），确定装订成册的本数。

（3）摘除凭证内的金属物（如订书钉、大头针、回形针）。对大的张页或附件要折叠成记账凭证大小，且要避开装订线，以便翻阅，保证数字完整。

（4）整理检查凭证顺序号，如有颠倒要重新排列，发现缺号要查明原因。再检查附件有无漏缺，领料单、入库单、工资发放单、奖金发放单是否随附齐全。

（5）记账凭证上有关人员（如财务主管、复核员、记账员、制单员等）的印章是否齐全。

四、装订方法及装订步骤

会计凭证装订有二孔装订法与三孔装订法，现介绍二孔装订法的装订步骤。

（1）拿凭证封面和封底各一张，分别附在待装订凭证的前面和后面，再拿一张质地相同的纸（可以再找一张凭证封面，裁下一半用，另一半为订下一本凭证备用）放在封面上角，做护角线。并将待装订的凭证分别以左边和上边为基准墩齐，用夹子夹紧，封面、封底应用较为结实、耐磨、韧性较强的牛皮纸等。

（2）在凭证的左上角护角纸上画一腰长为 5 厘米的等腰三角形，用装订机在底线上分布均匀地打两个眼儿。

(3)用大针引线绳穿过两个眼儿,如果没有针,可以将回形别针顺直,然后两端折向同一个方向,折向时将线绳夹紧,即可把线引过来。

具体做法为:

(1)从封面左顶角第一个孔向下穿装订线,尾线留长度大约6厘米以备用,然后从封底将线绕左角第一孔包住成口字形。

(2)从封底将线从第二孔向上穿过,再从封面绕封底第二孔向上穿过收紧,将封面上的尾线向第二孔向下穿过,将两根线用力拉紧再在封底第二孔处背面打结。线绳应把凭证两端全系上。

(3)将护角向左上侧折,并将一侧剪开至凭证的左上角,然后抹上胶水。

(4)向下折叠,将侧面和背面的线绳扣粘死。

会计凭证二孔装订法如图8-4所示。

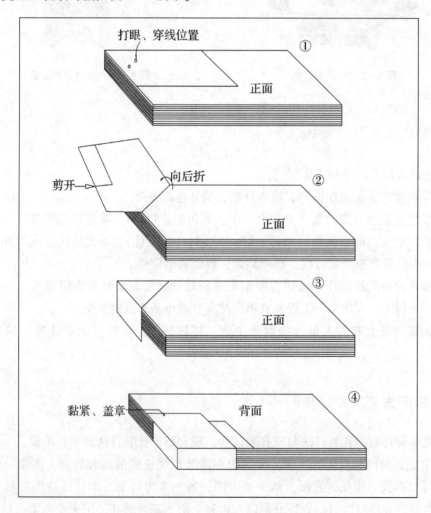

图8-4 二孔装订法示意图

五、装订后的事项

（1）在封面上编好卷号，按编号顺序入柜，并要在显露处标明凭证种类编号，以便于调阅。

（2）待晾干后，在凭证本的侧脊上面写上"某年某月第几册共几册"的字样。装订人在装订线封签处签名或者盖章。现金凭证、银行凭证和转账凭证应依次顺序编号，一个月从头编一次序号，如果单位的凭证少，可以全年顺序编号。

装订完成后的会计凭证如图 8-5 所示。

图 8-5　装订完成的会计凭证

任务二　会计档案的保管与销毁

一、会计档案的保管

（一）会计凭证的归档保管

装订成册的会计凭证要按年分月顺序排列，并指定专人保管，但出纳不得兼管会计档案。年度终了后，可暂由财会部门保管一年，期满后，编造清册移交本单位的档案部门保管。如果单位未设立档案部门，应当在财会部门内部指定专人保管。

（二）会计凭证的借阅

借阅会计凭证应办理借阅手续，经本单位有关领导批准。调阅时，应填写"会计档案调阅表"，详细填写调阅会计凭证的名称、调阅日期、调阅人姓名、调阅理由、调阅批准人。原始凭证不得外借，其他单位如因特殊原因需要使用原始凭证时，经本单位会计机构负责人、会计主管人员批准，可以复制，避免抽出原凭证。向外单位提供的原始凭证复制件，应当专设登记簿登记，说明所复制的会计凭证名称、张数，并由提供人员和收取人员共同签名或者盖章。

（三）会计档案的保管期限

会计档案的保管期限应从会计年度终了后的第一天算起。各种会计档案的保管期限，根据其特点，分为永久与定期两类。各类会计档案的保管期限见表8-1。

表8-1 会计档案分类及保管期限表

序号	档案名称	保管期限	备 注
一	**会计凭证**		
1	原始凭证	30年	
2	记账凭证	30年	
二	**会计账簿**		
3	总账	30年	
4	明细账	30年	
5	日记账	30年	
6	固定资产卡片		固定资产报废清理后保管5年
7	其他辅助性账簿	30年	
三	**财务会计报告**		
8	月度、季度、半年度财务会计报告	10年	
9	年度财务会计报告	永久	
四	**其他会计资料**		
10	银行存款余额调节表	10年	
11	银行对账单	10年	
12	纳税申报表	10年	
13	会计档案移交清册	30年	
14	会计档案保管清册	永久	
15	会计档案销毁清册	永久	
16	会计档案鉴定意见书	永久	

二、会计档案的销毁

会计档案的保管期限和销毁手续，必须根据《会计档案管理办法》的有关规定执行，任何人都无权自行随意销毁。在会计档案保管期限届满需要销毁时，应由档案部门和财务部门共同派人监销。监销时，监销人应对档案逐一清点核对，确认其无保留必要；销毁后，监销人员应在销毁清册上签名盖章，其销毁清册由档案部门另行保管。

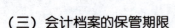
请思考：

年终，甲公司拟销毁一批保管期满的会计档案，其中有一张未结清债权债务的原始凭证，会计人员李某认为只要保管期满的会计档案就可以销毁，张某认为不可以，你认为哪位观点正确？

张某的观点正确。在对保管期满的会计档案进行整理以备销毁时，对于未结清的债权债务原始凭证和涉及其他未了事项（如超过会计档案保管期限但尚未报废的固定资产购买凭证等）的原始凭证，《会计档案管理办法》规定：一是此类凭证不得销毁，应当单独保管到未了事项完结后方可按规定的程序进行销毁；二是在会计档案销毁清册和会计档案保管清册中注明不予销毁的原因和单位立卷情况（包括存放地点、编号等）。

练 习 题

一、单项选择题

1. 原始凭证和记账凭证的保管期限为（　　）年。
   A. 5　　　　　B. 25　　　　　C. 3　　　　　D. 30
2. 会计档案是记录和反映经济业务事项的重要历史（　　）。
   A. 材料　　　B. 资料和依据　　C. 资料和证据　　D. 凭证
3. 各种会计档案的保管期限，根据其特点分为永久、定期两类。定期保管期限分为（　　）。
   A. 3年、10年、20年、30年、40年　　B. 2年、5年、10年、15年、20年
   C. 3年、5年、10年、15年、20年　　D. 10年、30年
4. 其他单位如果因业务需要使用本单位原始凭证时，经本单位负责人批准（　　）。
   A. 可以查阅
   B. 可以查阅或复制
   C. 只可以查阅不能复制
   D. 不可以查阅或复制
5. 现金日记账和银行存款日记账的保管期限为（　　）年。
   A. 5　　　　　B. 25　　　　　C. 3　　　　　D. 30

二、多项选择题

1. 会计档案包括（　　）。
   A. 会计凭证　　B. 会计报表　　C. 会计账簿　　D. 其他会计资料
2. 下列档案中，需要永久保管的有（　　）。
   A. 日记账
   B. 会计档案保管清册
   C. 会计移交清册
   D. 年度财务会计报告
3. 会计档案的保管期限分（　　）。
   A. 永久　　　　B. 定期　　　　C. 临时　　　　D. 没有期限
4. 会计档案保管期限届满需要销毁时，应由（　　）监销。
   A. 会计人员
   B. 财务部门
   C. 档案管理部门
   D. 档案保管人员

三、技能训练题

技能训练题一：会计凭证装订

取一个月的记账凭证,先对待装订的原始凭证进行整理,将纸张尺寸大于记账凭证的原始凭证折叠整齐,再摘除凭证内的大头针、回形针等,按照编号先后顺序整理好会计凭证后,按每本凭证厚度在1.5厘米左右运用二孔装订法的步骤完成凭证装订,并将凭证封面填写规范、正确。

技能训练题二：设计会计档案调阅记录本

请你设计一本会计档案调阅记录本。

项目九

出纳工作交接

学习目标

知识目标

※ 掌握出纳工作交接要求。

※ 熟悉出纳工作交接流程。

※ 掌握出纳工作交接时应注意的事项及要点。

能力目标

※ 能按照出纳工作交接要求做好各项准备工作。

※ 会实施具体交接工作及交接手续。

※ 会制作出纳人员工作交接书。

※ 能知悉出纳交接前后的责任。

《会计法》第四十一条规定："会计人员调动工作或者离职，必须与接管人员办理交接手续。一般会计人员办理交接手续，由会计机构负责人（会计主管人员）监交。"出纳交接要按照一般会计人员交接的要求进行。出纳人员调动工作或者离职时，与接管人员办清交接手续，是出纳人员应尽的职责，也是分清移交人员与接管人员责任的重大措施。办好交接工作，可以使出纳工作前后衔接，防止账目不清、财务混乱。

出纳工作交接要做到两点：一是移交人员与接管人员要办清手续；二是交接过程中要有专人负责监交。交接要求进行财产清理，做账账核对、账实核对。交接清理后要填写移交表，将所有移交的票、款、物编制详细的移交清册，按册向接交人点清，然后由交、接、监三方签字盖章。移交表应存入会计档案。

任务一　出纳工作交接与实施

一、出纳交接准备工作

出纳交接准备工作包括以下几个方面：

（1）出纳将现金日记账登记完毕，并在最后一笔余额后加盖名章。

（2）出纳将现金日记账与现金、银行存款总账核对相符，现金账面余额与实际库存现金核对一致，银行存款账面余额与银行对账单核对无误。若有不符，应找出原因，弄清问题并加以解决，力求在移交前做到账实相符。

（3）在现金日记账启用表上填写移交日期，并加盖名章。

（4）整理应移交的各种资料，对未了事项要写出书面说明。

（5）编制移交清册，填明移交的账簿、凭证、现金、有价证券、支票簿、文件资料、印章和其他物品的具体名称和数量。移交清册是出纳人员明确交接责任的书面证明，一般为一式三份，交接双方各持一份，单位存档一份。

（6）接管人员在接交前应做好银行预留印鉴更换准备工作，便于接任后及时开展工作。

二、实施交接工作

出纳人员的离职交接，必须在规定的期限内，向接管人员移交清楚。接管人员应认真按移交清册当面点收。具体注意事项包括：

（1）现金、有价证券要根据现金日记账和备查账簿余额进行点收。接管人员发现不一致时，移交人员要负责查清。

（2）现金日记账和其他会计资料必须完整无缺，不得遗漏。如有短缺，由移交人员查明原因，在移交清册中注明，由移交人员负责。

（3）接管人员应核对现金日记账与总账、现金日记账与库存现金和银行对账单的余额是否相符，如有不符，应由移交人员查明原因，在移交清册中注明，并负责处理。

（4）接管人员按移交清册点收公章（主要包括财务专用章、发票专用章和领导人名章）和其他实物。

（5）实行电算化的单位，必须将账页打印出来，装订成册，书面移交。

（6）接管人员办理接收后，应在出纳账启用表上填写接收时间，并签名盖章。

三、交接结束后工作

（一）制作移交清册

交接完毕后，交接双方和监交人，要在移交清册上签名或盖章。移交清册必须具备以下内容：

（1）单位名称。

（2）交接日期。

（3）交接双方和监交人的职务及姓名。

（4）移交清册页数、份数和其他需要说明的问题和意见。

移交清册一般一式三份，交接双方各执一份，单位存档一份。监交人应将出纳人员工作交接书移交单位档案管理部门保管，没有档案管理机构的，由委派人所在部门负责人保存。

交接双方自己负责保存出纳人员工作交接书。

（二）出纳交接双方的相关责任

（1）接管人员应认真接受移交的工作，继续办理未了业务及事项。

（2）接管人员应继续使用移交后的账簿等资料，保持会计记录的连续性，不得自行另立账簿或擅自销毁移交资料。

（3）移交后，移交人员应对自己经办的已经移交资料的合法性、真实性承担法律责任，不能因为资料已经移交而推脱责任，接管人员对接受后的工作承担责任。

四、交接常用表格

移交工作表格主要包括库存现金移交表、银行存款移交表、有价证券和贵重物品移交表、物品移交表等。

（一）库存现金移交表

根据库存现金实有数，按币种（分人民币和各种外币）、券别分别填入库存现金移交表内，见表9-1。

表9-1 库存现金移交表

移交日期： 年 月 日 （单位：元）

券 别	数量/张	移交金额	接交金额	备 注
合计				

单位领导人： 移交人： 监交人： 接管人：

（二）银行存款移交表

银行存款移交表见表9-2。

表9-2 银行存款移交表

移交日期： 年 月 日 （单位：元）

账户名称	币 别	账面余额	银行对账单余额	备 注

附：1. 银行存款余额调节表
　　2. 银行预留印鉴

（三）有价证券、贵重物品移交表

有价证券、贵重物品移交表见表9-3。

表9-3 有价证券、贵重物品移交表

移交日期： 年 月 日 （单位：元）

名 称	购入日期	单 位	数 量	面 值	到期日期	备 注

单位领导人： 移交人： 监交人： 接管人：

（四）物品移交表

物品移交表见表9-4。

表 9-4　物品移交表

移交日期：　年　月　日

名　称	型　号	购入日期	单　位	数　量	备　注

单位领导人：　　　　移交人：　　　　监交人：　　　　接管人：

任务二　出纳人员工作交接实例

出纳员×××，因工作调动，财务科已决定将出纳工作移交给×××接管，现办理如下交接：

（一）交接日期

20××年×月×日。

（二）具体业务的移交

（1）库存现金：×月×日账面余额××元，实存相符，日记账余额与总账余额相符。

（2）银行存款：×月×日账面余额×××万元，已经编制"银行存款余额调节表"，经核对相符。

（三）移交的会计凭证、账簿、相关文件

（1）本年度现金日记账×本。
（2）本年度银行存款日记账×本。
（3）空白现金支票××张（××号至××号）。
（4）空白转账支票××张（××号至××号）。
（5）支票领用登记簿一本。
（6）银行对账单××张，未达账项说明一份。
（7）收据领用登记簿一本。
（8）收据一本。
……

（四）印章

（1）××公司财务专用章一枚。

(2) ××公司现金收讫章一枚。
(3) ××公司现金付讫章一枚。
(4) ××公司转讫章一枚。
……

（五）其他物品移交

(1) 文件柜钥匙。
(2) 保险柜钥匙。
(3) 订书机一个。
……

（六）交接前后工作责任的划分

20××年×月×日前的出纳责任由×××负责；20××年×月×日起的出纳工作由×××负责。以上移交事项均经交接双方认定无误。

（七）本交接书一式三份，双方各执一份，存档一份

移交人：×××（签名盖章）
监交人：×××（签名盖章）
接管人：×××（签名盖章）

××公司财务公章
20××年×月×日

练 习 题

一、单项选择题

1. 出纳人员调动工作或离职与接管人员办理交接手续，一般由（　　）监交。
   A. 单位负责人　　　　　　　　　B. 总账会计
   C. 成本会计　　　　　　　　　　D. 会计机构负责人、会计主管人员
2. 出纳移交的账簿资料应完整无缺，若有短缺（　　）。
   A. 由单位负责　　　　　　　　　B. 由接管人员负责
   C. 由移交人员负责　　　　　　　D. 先移交，以后再说
3. 接管人员在接收移交的账簿后，应（　　）。
   A. 重新设立账簿，以分清责任　　B. 在已记录账簿的次页继续记录经济业务

C. 继续使用移交后的账簿资料　　　　D. 将账簿销毁

二、多项选择题

1. 出纳在办理移交前，应（　　）。
   A. 将出纳账登记完毕，并在最后一笔余额后加盖名章
   B. 做到账账相符、账实相符
   C. 在账簿启用表上填写移交日期，并加盖名章
   D. 编制移交清册

2. 移交清册内容应包括（　　）。
   A. 单位名称　　　　　　　　　　B. 交接日期
   C. 交接双方和监交人的职务及姓名　D. 移交的具体内容

3. 出纳人员有下列情形时，应办理移交手续（　　）。
   A. 出纳人员辞职或离开原单位
   B. 出纳人员轮岗到会计岗位
   C. 因病假不能继续从事出纳工作
   D. 因特殊情况停职检查，按规定不宜继续从事出纳工作

三、技能训练题：出纳工作交接书的拟订

王敏2019年7月大学毕业后被北方交通有限公司聘用，经培训试用后安排接手出纳工作，原出纳张震调离出纳岗位，任成本会计，2019年7月30日，双方办理出纳工作交接手续。具体交接过程如下：

（1）公司财务负责人李原负责监督出纳工作移交全过程，出纳工作交接时停止办理货币资金收付业务。

（2）原出纳张震清点库存现金3,650元，与现金日记账余额及总账余额核对无误后交给王敏，同时张震将保险柜钥匙两把及密码告诉王敏，交由王敏审验试用，王敏试用完毕后在出纳交接书该项目上予以确认，并将接收的现金3,650元存入保险柜。

（3）原出纳张震将银行存款日记账和单位开户银行确认的银行存款余额确认证明交王敏审核，王敏审核无误后在出纳交接书该项目上予以确认。银行存款余额为1,463,254.88元。

（4）原出纳张震将现金支票、转账支票、收据交给王敏，王敏核对支票及收据号码后在出纳交接书该项目上予以确认，现金支票、转账支票、收据各一本。

（5）原出纳张震将财务专用章、发票专用章、现金收付讫章、银行收付讫章等相关印章交给王敏，王敏审核无误后在出纳交接书该项目上予以确认。

（6）原出纳张震将办公桌钥匙、号码机、订书机等交给王敏，王敏审核无误后在出纳交接书该项目上予以确认。

（7）交接双方在出纳工作交接书上签字确认，监交人李原也在交接书上签字，出纳工作交接完毕。从2019年8月1日起，出纳工作责任将由王敏承担，以前的工作责任由张震承担。

要求：根据以上资料，拟一份出纳人员工作交接书。

项目十

出纳岗位内部控制制度

学习目标

知识目标

※ 掌握内部控制的定义与措施。
※ 了解企业内控制度的重要性。
※ 掌握出纳业务内部控制制度。

能力目标

※ 能按照不相容职务分离要求设定工作。
※ 能按照内控制度进行货币资金管理、收付与核对；确保货币资金合法、安全与完整。
※ 能按照内控制度要求进行印章、票据管理，确保印章、票据的安全性。

任务一　内部控制及控制措施认知

内部控制是由企业董事会、监事会、经理层和全体员工实施的、旨在实现控制目标的过程。内部控制的目标是合理保证企业经营管理合法合规、资产安全、财务报告及相关信息真实完整，提高经营效率和效果，促进企业实现发展战略。

根据《内部会计控制规范——货币资金》第四条规定："各单位应当根据国家有关法律法规和本规范，结合部门或系统的货币资金内部控制规定，建立适合本单位业务特点和管理要求的货币资金内部控制制度，并组织实施。"

控制措施一般包括：不相容职务分离控制、授权审批控制、会计系统控制、财产保护控制、预算控制、运营分析控制和绩效考评控制等。

小案例

A公司W同志在任出纳工作期间，先后利用23张现金支票编造各种理由提取现金96.94万元，均未记入现金日记账，构成贪污罪。具体手段如下：

（1）隐匿10笔出口结汇收入计96.94万元：将其提现的金额与其隐匿的收入相抵，使其33笔收支业务均未在银行存款日记账和银行余额调节表中反映。

（2）伪造11张银行对账单：将提现的整数金额改成带尾数的金额，并将提现的银行代码"11"改成托收的代码"88"或外汇买卖的代码"1"。

请问，该案例中暴露出的A公司内部控制制度上存在哪些问题？

任务二　出纳业务内部控制制度

出纳业务内部控制主要体现在现金流入、现金流出的控制，不相容职务分离、货币资产定期核对盘点等，具体包括以下内容：

一、岗位分工及授权批准制度

单位应当建立货币资金业务的岗位责任制，确保办理货币资金业务的不相容岗位相互分离、制约和监督。只有出纳人员才能接触和管理现金资产，出纳人员不得兼任稽核、会计档案保管和收入、支出、费用、债权债务账目的登记工作。单位不得由一人办理货币资金业务的全过程。

二、印章、印鉴管理制度

单位应当加强银行预留印鉴的管理。财务专用章应由专人保管，个人名章必须由本人或其授权人员保管。严禁一人保管支付款项所需的全部印章。

三、往来核对制度

财务负责人应指派专人定期与业务单位核对账务，及时编制往来账余额调节表，查实未达账项的原因，调整账务并催收应收账款。

四、监督检查制度

（1）复核银行存款余额调节表的编制是否正确，有无遗漏或收支抵销等情况。
（2）督促有关人员及时、全面、正确地进行账务处理，使收支业务尽早入账，不得压单。
（3）对现金的账实情况进行经常性和突击性抽查，查看库存的现金有无超出限额，有无挪用盈亏情况，保管措施如何等。
（4）监督出纳移交工作的整个过程，查看移交清单是否完整，对于遗留问题应限期查清，不留后遗症。

请思考： 银行存款余额调节表应该由谁来编？

有人认为应该是会计来编，也有人认为该由出纳来编，再由会计来复核，这样才符合内控要求。

从实务中看，90%以上是由出纳人员编制，因为银行在传递银行对账单时一般是交给出纳人员，会计人员直接接收对账单存在一定难度，但由出纳编制的银行存款余额调节表必须经过其他会计人员复核。

在开通网上银行业务的单位，会计人员完全可以借助网络技术手段来实施资金监控。

五、交接手续制度

（1）出纳人员调换岗位，须按规定与接替人员办理交接手续，做到"前不清，后不接"。
（2）离职人员须编制移交清单，列明移交的账、证、表、公章、资料及有关事项，由监交人签字认可后方可办理手续。移交清单一式三份,其中一份存档。

六、现金管理制度

(1) 检查《现金管理暂行条例》中现金的使用范围规定的执行情况。

(2) 出纳人员应及时将所有现金的收支业务登记"现金日记账",每日应结算当天现金的收、支、存金额,编制"现金日报表",并与库存现金相核对,及时查找、纠正差异,以确保账实相符。

(3) 为了保证现金资产的安全,防止出现被盗损失,出纳人员应严格控制每日现金的库存量,每天下班前应保证现金库存量不超过规定限额,超过部分应及时解交到公司银行账户上。而且库存现金必须全部保存在公司的保险柜内,出纳人员要加强安全防范意识。

七、银行定期对账制度

对账业务应由掌管支票、印章以外的人担任。由出纳取回银行对账单,编制银行存款余额调节表,并由他人对银行对账单与银行存款余额调节表进行复核。对于未达账项应及时核查原因,并做好调账事宜。

八、收入登记制度

(1) 对收入的结汇账单、支票、汇票等应建立登记簿。注明收入的日期、金额、来源及业务承办。对于需要确认的收入(如账单)应加注签收栏,督促有关人员及时交回。

(2) 对于收据、发票应按顺序号管理,会计开具时应审核其内容,由出纳加盖"收讫"章及人名章,以避免出纳人员套开收据的情况。

(3) 所有涉及现金的收入,出纳人员应当面清点,并注意辨别现金的真伪,在确定现金金额与应收金额一致的情况下,应填开公司统一印制的"现金收款收据"给交款方。

九、支出控制制度

(1) 公司有关部门或个人用款时,应当提前向审批人提交付款支付申请,注明款项的用途、金额、预算、支付方式等内容,并附有效的经济合同或相关证明。

(2) 对于涉及银行存款支付的采购、预付货款、业务往来款等业务时,出纳人员应严格遵照公司内部的各项管理制度的规定,审核"付款申请单"所附的单据是否齐全、合法,审核数据的计算是否正确,审核付款的审批程序是否符合公司管理制度规定、各级审批人员的签字是否齐备,在确认上述事项无误的情况下方可按照"支票管理制度"的规定办理银行付款手续,并应取得收款方的收款收据(报销业务除外)。

(3) 出纳人员应当根据复核无误的支付申请,按规定办理货币资金支付手续,及时登记现金和银行存款日记账。

十、票据管理制度

（1）出纳人员应按照公司内部票据的管理规定申请领用"现金收款收据"。"现金收款收据"应连续编号，出纳人员在使用过程中，不得任意撕毁，如因某种原因需作废时应在"现金收款收据"上加盖"作废"章并保留全部联次，待每本"现金收款收据"用完后交回收据保管处，再领用空白收据。收据保管处应建立收据领、交、销备查登记簿。

（2）购入银行现金支票和转账支票都要建立支票登记簿进行记录，注明购入的日期、编号，并按顺序号逐笔记入支票使用登记簿。防止空白票据的遗失和被盗用。

（3）出纳在使用现金支票时应注明日期、金额，由财务负责人审核并加盖印章。由他人代为提取的现金应当日如数交给出纳并办理签收手续。

（4）出纳在签发转账支票时，应审核其用途是否符合规定，并填写收款人、用途、限额。不得签发空头和远期支票。

（5）出纳根据支票领用簿随时督催领用人限期办理报销手续。对于作废的支票应加盖作废章，与存根附在一起订入凭证中备查。

练 习 题

一、单项选择题

1. 出纳人员不能保管（   ）。
   A. 单位负责人章　　　　　　　　B. 单位财务专用章
   C. 个人名章　　　　　　　　　　D. 支付款项的全部印章
2. 出纳人员可以（   ）。
   A. 兼任会计档案保管　　　　　　B. 进行往来账的登记
   C. 进行稽核工作　　　　　　　　D. 进行现金收付工作

二、多项选择题

1. 内部控制的目标包括（   ）。
   A. 保护资产安全　　　　　　　　B. 提供经营效率和效果
   C. 实现企业发展战略　　　　　　D. 保证企业经营合法、合规
2. 出纳业务内部控制主要包括（   ）。
   A. 不相容职务分离　　　　　　　B. 印章、印鉴管理制度
   C. 往来核对制度　　　　　　　　D. 督促、检查制度
3. 出纳人员在审核付款单据时，应（   ）。
   A. 复核数据计算是否正确　　　　B. 票据是否已履行审批手续

C. 是否符合单位财务管理制度　　　D. 有无相关人员签字

三、技能训练题

技能训练题一：会计工作分配

某企业财务科有三位会计人员，他们要完成如下七项会计工作：

（1）记录总账。
（2）记录应付账款明细账。
（3）记录应收账款明细账。
（4）开具支票，以便主管人员签章，并登记现金日记账。
（5）开具退货拒付通知书。
（6）核对银行对账单和银行存款余额调节表。
（7）送存所收的现金。

要求：现已知这三人均具有相当的能力。除了调节银行对账单，签发拒付通知书工作量较小外，其他各项会计工作量基本相等。请你设计如何将上述工作分配给三人，使会计工作起到较好的内部控制作用，并使三人的工作量基本相等。

技能训练题二：分析公司内部控制制度及业务分工

某公司属于国有控股企业，执行机构是董事会，另外还设有职工代表大会以及各职能部门、分公司等。其公司财务人员分工及业务活动情况如下：会计出纳分设；财务部经理的妻子担任出纳，并兼管行政部门日常业务，亲自办理取款、购买、报销等手续；支票等票据由会计保管；支取款项的印章都由总经理亲自保管。

要求：分析该公司在内部控制及业务分工上存在哪些问题？并说明应该如何改正。

参考文献

[1] 郑维. 出纳实务与技能 [M]. 北京：经济科学出版社，2009.

[2] 吴慧萍，李永波. 出纳实务 [M]. 北京：经济科学出版社，2010.

[3] 出纳训练营. 手把手教你做优秀出纳：从入门到精通 [M]. 3版. 北京：机械工业出版社，2018.

[4] 莫桂莉. 出纳入门超短实战培训 [M]. 北京：中国言实出版社，2008.

[5] 刘晓光，崔维. 新手学出纳 [M]. 北京：人民邮电出版社，2008.

[6] 王宏. 出纳岗位实务 [M]. 北京：北京邮电大学出版社，2013.

[7] 李华. 出纳实务 [M]. 4版. 北京：高等教育出版社，2018.

[8] 胡世强. 出纳实务 [M]. 成都：西南财经大学出版社，2007.

[9] 黄雅雯. 出纳入门7日通 [M]. 北京：北京理工大学出版社，2014.

[10] 杨成贤. 跟我学当出纳 [M]. 北京：经济科学出版社，2008.

[11] 王树. 新编出纳入门1本通 [M]. 北京：中国纺织出版社，2009.

[12] 朱小平. 新编出纳速成 [M]. 北京：中国致公出版社，2007.

[13] 田国强. 出纳实务 [M]. 4版. 上海：立信会计出版社，2012.

[14] 张家伦. 出纳会计操作实务 [M]. 4版. 北京：首都经济贸易大学出版社，2014.

[15] 雷建. 跟我学做小企业出纳 [M]. 北京：企业管理出版社，2006.

[16] 曹凯. 手把手教你当出纳 [M]. 北京：经济科学出版社，2004.

[17] 干学森. 出纳实务 [M]. 杭州：浙江大学出版社，2008.

[18] 郝建国，刘富春，赵志成. 简单轻松学出纳 [M]. 北京：中国市场出版社，2006.

[19] 张海冬. 出纳必读 [M]. 北京：中国商业出版社，2006.

[20] 张军，陈淑倩. 出纳实务 [M]. 北京：中国商业出版社，2013.

[21] 左卫青，冯素平. 出纳实务 [M]. 2版. 北京：人民邮电出版社，2014.

[22] 吴树罡，张格杨. 出纳操作技术 [M]. 大连：大连理工大学出版社，2014.